Frank Jehle

Verkündigung ist kein Monolog

TVZ

Frank Jehle

Verkündigung ist kein Monolog

Kunst- und Themapredigten für heute

T V Z

Theologischer Verlag Zürich

Der Theologische Verlag Zürich wird vom Bundesamt für Kultur für die Jahre 2021–2024 unterstützt.

Bibliografische Informationen der Deutschen Nationalbibliothek
Die Deutsche Nationalbibliothek verzeichnet diese Publikation in der Deutschen Nationalbibliografie; detaillierte bibliografische Daten sind im Internet über http://dnb.dnb.de abrufbar.

Umschlaggestaltung
Simone Ackermann, Zürich

Titelbild
Ausschnitt aus «Gleichheit, Freiheit und Brüderlichkeit, nicht mehr wissend, wohin sie nun fliegen sollen» von Hans Thomann, Autobahnbrücke Grauholz bei Bern (1998). Vgl. S. 88 in diesem Buch.

Druck
Rosch-Buch GmbH, Scheßlitz

ISBN 978-3-290-18368-4 (Print)
ISBN 978-3-290-18369-1 (E-Book: PDF)

www.tvz-verlag.ch

Inhalt

Regula Hermann, Uwe Habenicht und Kathrin Bolt aus der Kirchgemeinde Straubenzell gestalten die Gottesdienste im Mai 2019 einmal anders – ohne Predigt.

Vorwort

Dieses Foto erregte im Mai 2019 einiges Aufsehen. Wie die beiden Pfarrerinnen und der Pfarrer dazu ausführten, waren sie beeindruckt von einem Artikel der deutschen Theologin Hanna Jacobs. Diese vertrat die These, dass die Predigt ein Relikt aus alter Zeit sei – und deshalb überholt! Die Kirche müsse neue Wege finden.

Der St. Galler Kirchenbote fasste die Meinung Hanna Jacobs so zusammen: Es sei «Zeit, die Predigt von der Kanzel zu stossen».[1] Als die Menschen nicht informiert waren, weder schrei-

1 Katharina Meier im Kirchenboten der Evangelisch-reformierten Kirche des Kantons St. Gallen, Mai 2019. Hier auch die folgenden Zitate.

ben noch lesen konnten, sei die Rede des Pfarrers etwas Neues und Hilfreiches gewesen. Er habe biblische Geschichten erzählt, Existenzielles, Bedeutungsvolles und Sinnstiftendes vermittelt. Der Gottesdienst, die Predigt, sei das Zentrum der Gemeinschaft schlechthin gewesen. Doch das sei passé.

Die Reformation habe die Predigt auf den Olymp der reformierten Kirche «katapultiert».

> «Heute, 500 Jahre später, feilen die Pfarrer immer noch mit gleicher Inbrunst an ihren Reden, vertiefen sich und lieben es, zu predigen: Die einen tun es packend und spannend, die andern fromme Phrasen dreschend und so, als würde einem eine Schlaftablette verabreicht. Doch bei aller Rede, es bleibt beim Monolog, auf den niemand reagieren kann.»

Die zwei Pfarrerinnen und der Pfarrer von Straubenzell liessen während eines ganzen Monats die Predigt im Sonntagsgottesdienst ausfallen. Es wurde dafür Theater gespielt, und die Anwesenden wurden zu Gruppengesprächen eingeladen. Jedenfalls am Anfang waren die Gottesdienste überdurchschnittlich gut besucht. Bald aber pendelte es sich im herkömmlichen Ausmass wieder ein. Und auch wenn viele Teilnehmerinnen und Teilnehmer durchaus Interesse zeigten und dem Experiment mit einer gewissen Neugier gegenüberstanden, wurde deutlich: Für viele ist die Sonntagspredigt unverzichtbar.

Dieser Vorfall hat mich angeregt, das vorliegende schmale Buch zu publizieren – fast so etwas wie eine Streitschrift. Darin stelle ich Predigten zur Diskussion, die in den letzten Jahren entstanden.

Als ich noch Gemeindepfarrer war – vor über fünfzig Jahren in der kleinen Gemeinde Grub im Appenzeller Vorderland – experimentierte ich ähnlich wie die heutigen Kolleginnen und der Kollege in Straubenzell ebenfalls mit verschiedenen Gottesdienstformen. Mit Konfirmandinnen und Konfirmanden inszenierte ich die biblische Geschichte von Josef und seinen Brüdern (Josef trug eine modische und teure Nappalederjacke!) und stellte das Resultat im Gottesdienst vor. Familiengottesdienste unter Beteiligung der dörflichen Musikgesellschaft, in die auch Kinder einbezogen wurden, fanden ein gutes Echo. Und nicht zu vergessen die Sonntagsschulweihnacht am letzten Sonntag im Advent, ein Hit! Aber trotzdem habe ich nicht nur immer gern gepredigt und meine Predigten sorgfältig vorbereitet, sondern, wo immer ich kirchlich tätig war: Ich durfte erfahren, dass viele Menschen dankbar dafür sind. Während der Jahre als Universitätspfarrer in St. Gallen waren die Universitätsgottesdienste eine wichtige Erfahrung und Herausforderung für mich.

So wie ich meine, es verstehen zu müssen, ist eine *Predigt nicht ein Monolog, sondern Teil eines unablässigen Gesprächs.* Fragen werden aufgenommen, die viele Menschen umtreiben: Was ist der Sinn des Lebens? Gibt es einen Gott? Warum müssen Unschuldige leiden? Muss man alles, was in der Bibel steht, wörtlich glauben?

Die hier zur Diskussion gestellten Predigten weichen teilweise von der traditionellen Form ab. Besonders in den letzten Jahren gehe ich oft von einem Kunstwerk aus, was natürlich mit meinen persönlichen Vorlieben zusammenhängt. (Die moderne Technik hilft mir dabei.) Eine Entdeckung war für mich der heute weitgehend vergessene Maler und Zeichner Eugène Burnand (1850–1921), der mich zu einer kleinen Predigtreihe inspiriert hat. Kunstwerke wie seine Lithografien sind schon an und für sich eine Predigt. Unabhängig davon, ob wir der bildgewordenen Interpretation zustimmen oder nicht, kommt es zu eigenen Erfahrungen beziehungsweise zu einem ganzen Geflecht von Erfahrungen. Unausgesprochenes und Neues tritt in Erscheinung. Saiten werden zum Schwingen gebracht. Alles wird dichter. Das Kunstwerk schafft eine für alle Hörerinnen und Hörer gemeinsame Situation. Es ist selbst eine Interpretation der biblischen Geschichte, welche die Textaussagen konkret anschaulich macht und Assoziations- und Identifikationsmöglichkeiten bietet. Kunstpredigten vervielfachen die Chance des Assoziierens, des inneren Erlebens, und sie ziehen die Gemeinde in den Prozess mit ein.

Ähnliches gilt von der Gattung Themapredigt, die unter dem Einfluss der dialektischen Theologie lange in Verruf war, teilweise zu Unrecht. Gerade wenn man die Predigt nicht als Monolog, sondern als Teil eines Dialogs versteht, kann es hilfreich sein, von einer Situation auszugehen beziehungsweise eine Frage aufzugreifen. Die Gemeinde soll spüren, dass sie ernstgenommen wird. «Du bist der Mann!» oder «Du bist die Frau!». (2Sam 12,7) Ist das Thema aktuell, drängend und relevant, so hat die Themapredigt die Chance, Einstellungen, Kenntnisse und Emotionen ins Spiel zu bringen und zu klären. Das Kommunikationsgeschehen wird verstärkt.

Manche der hier vorgelegten Predigten sind eher seelsorglich, andere eher lehrhaft, was sich allerdings nicht ausschliesst. Unsere Gemeinden brauchen beides. Wer einen Gottesdienst besucht, wünscht «Trost» in seiner besonderen Lebenssituation. Er oder sie möchte den christlichen Glauben aber auch besser verstehen können, zu grösserer Klarheit kommen, den Glauben auch anderen – zum Beispiel den Enkeln – verständlicher erklären können.

Einen Predigtzyklus widmete ich aus Anlass des Reformationsjubiläums 2017 den vier Grundsätzen der Reformation: «Allein die Gnade», «Allein die Schrift», «Allein Jesus Christus» und «Allein durch den Glauben». Natürlich genügt es nicht, diese Parolen heute einfach zu repetieren. Wer sich mit Menschen von heute auf diese Themen einlässt, stösst rasch auf aktuelle Fragen wie den Fundamentalismus, den gegenwärtigen Stand der Ökumene oder die Frage nach dem Verhältnis zu andern Religionen sowie auf die Frage, was wir denn meinen, wenn wir von «glauben» sprechen.

In den sechs Hiobpredigten habe ich Grundthemen ausgewählt, die im biblischen Buch Hiob, einem Spitzenwerk der Weltliteratur, angesprochen werden. Sie gaben mir die Möglichkeit, meine eigenen Gedanken dazu zu machen. Wie die Kunstwerke weckt auch diese Dichtung eigene Erfahrungen und Fragen – und auch Widerstand! Dadurch öffnen sich Horizonte. Wegen der Corona-Krise im Frühling 2020 konnte ich bis zur Endredaktion der vorliegenden Publikation nicht alle halten, nur die ersten drei. Das Echo war ermutigend. Jetzt sollen sie den Schluss dieses Büchleins bilden. Besonders schwierig für mich war die Predigt über die Gottesreden am Ende des Buches Hiob. Denn da fällt es mir schwer, die Stimme des Gottes zu hören, der mich im Buch des Propheten Jesaja anspricht. Liebe Leserin, lieber Leser, schreiben Sie mir dazu – oder rufen Sie mich an! Ich bin ein leidenschaftlicher Diskutierer.

Zum Glück darf ich immer neu mit hervorragenden Musikerinnen und Musikern zusammenarbeiten. Im in diesem Buch publizierten Picasso-Gottesdienst wurde das Bild «Das Leben» an die weisse Kirchenwand projiziert, während die Pianistin Claire Pasquier ein Prélude von Olivier Messiaen spielte. Nach der Lesung von Hiobs Klage (Hiob 3) interpretierte sie «Il Penseroso» von Franz Liszt. Der Eindruck, den das wunderbare Bild «Jakobs Himmelsleiter» des englischen Romantikers William Blake machte, wurde durch ein still-meditatives Orgelspiel Imelda Natters unterstützt. Immer bedeutungsvoller für mich wurde im Lauf der Jahre auch das Mitwirken von Lektorinnen und Lektoren. Diese – oft als Sprecherinnen oder Sprecher ausgebildet – tragen dazu bei, dass ein Gottesdienst vielstimmiger und farbiger wird – nicht eine Ein-Personen-Show.

Dass ich den vorliegenden Band publiziere, hängt damit zusammen, dass ich ein *Plädoyer für die Predigt* halten möchte – nicht akademisch abstrakt, sondern praktisch. So wie ich es sehe, wäre es ein Verlust, wenn die Predigt verschwinden würde. Doch, damit die Menschen unsere Kirche als wirklich hilfreich erfahren, braucht es auch anderes.

Schade scheint mir zum Beispiel, dass wir in der evangelisch-reformierten Kirche nach wie vor zu wenig das Abendmahl miteinander feiern. Hier können wir von den Katholiken – und auch von den Orthodoxen – lernen. Wer sich in der Reformationsgeschichte auskennt, weiss, dass nicht nur Luther, sondern auch Zwingli und Calvin das Abendmahl an *jedem* Sonntag feiern wollten. Die weltlichen Behörden lehnten dies ab.

Und gerade, weil ich die Predigt für wichtig halte, sollte man Gesprächskreise organisieren, in denen das Ganze vertieft werden kann und in denen die Pfarrerin oder der Pfarrer ein direktes Feedback erhält. Oft habe ich erlebt, wie wichtig ein an den Gottesdienst anschliessender Kirchenkaffee ist. Nicht aufzugeben ist, dass Pfarrerinnen und Pfarrer Hausbesuche machen und so die Sorgen der Menschen kennenlernen. Meine Kolleginnen und der Kollege in der Kirchgemeinde Straubenzell haben mit Recht betont, dass auch ein Gottesdienst Seelsorge sein muss und nicht nur intellektuelle Aufklärung und Belehrung. Aber – wie bereits angedeutet – Belehrung beziehungsweise Information hat oft ebenfalls eine seelsorgliche Dimension.

Es versteht sich von selbst, dass man sich seiner Predigten nicht «rühmen» darf. Jede, auch die «gelungenste» Predigt ist ein Versuch und ist auf Echos angewiesen. Dieses Büchlein soll ein Angebot zum Gespräch sein.

St. Gallen, Frühling 2020 (während der Corona-Krise)
Frank Jehle

Kunstgottesdienste

Albrecht Dürer: Michael Wolgemut

Texte: Jes 46,3f. und Ps 103,1–13

Das Bild, das mich zur heutigen Predigt angeregt hat, hängt im Germanischen Nationalmuseum in Nürnberg. Ich sah es bei einem Aufenthalt in der berühmten Reichsstadt. Und wie kaum ein anderes Bild in letzter Zeit liess es mich nicht los. Ich fotografierte es, druckte es zu Hause aus, und immer wieder nahm ich es hervor und betrachtete es. Was ist das für ein Mann? Sein Gesicht ist so lebensecht. Was hat dieser Mann erlebt? Was ging in ihm vor?

Ich versuchte, der Sache auf den Grund zu gehen, und ich fand heraus: Der Mann heisst Michael Wolgemut, lebte von 1434 bis 1519 in Nürnberg, war ein Maler und ein Meister des Holzschnitts. Der junge Albrecht Dürer trat im Jahr 1486 in seine Werkstatt ein und wurde sein Lehrling und Mitarbeiter. Das vorliegende Bild entstand 1516. Als Dürer das Porträt malte, war er ein gefeierter Künstler und 45 Jahre alt. Sein ehemaliger, verehrter Lehrer zählte nun 82 Jahre und stand am Ende seines Lebens. Wenn ich das Bild betrachte, nehme ich vieles darin wahr. Ich sehe einen alten Menschen mit immer noch hellen und wachen Augen. Sein Gesicht ist zerfurcht. Es ist ein nachdenklicher Mann. Er hat viel gesehen und erlebt. Es schwebt Ernst, wenn nicht sogar eine gewisse Trauer über dem Bild, aber auch Abgeklärtheit, Gelassenheit und Ruhe. Mit einer biblischen Wendung möchte ich sagen, er sei «alt und lebenssatt», bereit zurückzutreten, nachdem er seine Werkstatt in jüngere Hände gelegt hat und Augenzeuge davon geworden ist, dass sein früherer Schüler Dürer zum wohl

Albrecht Dürer (1471–1528): Michael Wolgemut (1516)

bedeutendsten und berühmtesten Renaissancemaler Deutschlands aufgestiegen ist.

Ich habe noch mehr über Michael Wolgemut recherchiert. Wenn man im Internet nach Werken von ihm sucht, findet man viele Porträts und spätgotische Altarbilder. Hinzu kommen seine Holzschnitte. Einen davon habe ich ebenfalls mitgebracht. Er stammt aus der so genannten Schedel'schen Weltchronik von 1493, zu der Wolgemut zahlreiche meisterhafte Holzschnitte beitrug, Städtebilder und historische Szenen.

Dasjenige, das hier vorliegt, ist ein erschütterndes Bild und stellt etwas dar, das wirklich geschehen ist: Es war im Jahr 1338 in

Michael Wolgemut (1434–1519): Holzschnitt aus der Schedel'schen Chronik (1493)

Deggendorf (in der Nähe der Mündung der Isar in die Donau): Mitten in der Nacht fielen Bürger dieser Stadt unter Führung eines Amtsrichters über die einheimischen Juden her. Sie wurden gefangen genommen und bei lebendigem Leib verbrannt. Ihre Häuser wurden angezündet und ihre Synagoge zerstört. Man warf ihnen vor – und das eindeutig zu Unrecht –, sie hätten Hostien geschändet. Der wahre Grund für das Pogrom lag aber in der hohen Verschuldung einiger der Gewalttäter bei jüdischen Kaufleuten. Die für den entsetzlichen Vorfall Verantwortlichen wurden vom Herzog von Niederbayern von jeder Schuld frei gesprochen. Die geraubten Gegenstände durften sie behalten. – Was wohl in Michael Wolgemut vorging, als er den Holzschnitt mit dieser schrecklichen Szene entwarf, als Buchillustrator entwerfen musste?

Nun, er hat diese Judenverbrennung auf jeden Fall höchst eindrücklich und bewegend auf seinem Holzschnitt dargestellt, wie wenn er Augenzeuge gewesen wäre. Er war dies nicht, aber er stellte es sich so vor. Ähnliches hatte er in seinem langen Leben, in dem er viel gereist war, selbst gesehen. Der Vorderste der jüdischen Männer, die verbrannt werden, hat einen spitzen Hut auf dem Kopf. Die Juden waren damals gezwungen, sich so auffällig zu kleiden – ähnlich wie viel später im Dritten Reich, als alle jüdischen Menschen, wenn sie ausgingen, einen gelben Stern auf der Kleidung tragen mussten.

Ich will das alles jetzt nicht weiter ausführen. Wenn ich Dürers Porträt Wolgemuts betrachte, meine ich zu sehen: Der Dargestellte hat in seinem Leben nicht nur viel gearbeitet, sondern noch viel mehr erlebt, Schönes, aber auch Schreckliches, mit dem er irgendwie fertig werden musste. Und das hat sein Gesicht geprägt. Er sieht sein Leben vor sich und auch das, was er gezeichnet und gemalt hat. Der Holzschnitt mit der Judenverbrennung war ein Auftragswerk. Ich denke, auch damals, in einer von uns aus gesehen wirklich oder auch nur vermeintlich raueren Zeit, ging so etwas unter die Haut. So etwas gestalten – und erst noch so eindrücklich – kann man nicht, ohne dass man davon berührt wird.

Wir sind heute in einem christlichen Gottesdienst. Meine Aufgabe ist, eine Predigt zu halten. Was soll und darf ich sagen? Zunächst wird es wohl darum gehen, die grosse Schuld zu bekennen, die das Christentum in vielen Judenverfolgungen auf sich geladen hat. (Auch Luther lag leider auf dieser Linie.) «Lieber Gott, es tut uns leid! Wir können es nicht fassen. Wie konnte der christliche Glaube sich mit so viel Intoleranz und Grausamkeit verbinden?»

Aber noch etwas anderes möchte und muss ich sagen: Ich hoffe, dass der 82-jährige Michael Wolgemut etwas davon wusste, dass der Gott des christlichen Glaubens trotz allem, was gegen uns spricht, auf unserer Seite steht und bereit ist, zu vergeben. Michael Wolgemut persönlich war darüber hinaus nicht schuld an der Judenverbrennung, er hat die Szene nur gezeichnet.

Lesen wir im Buch des Propheten Jesaja:

«Hört mir zu, ihr vom Hause Jakob
und alle, die ihr noch übrig seid vom Hause Israel,
die ihr von mir getragen werdet von Mutterleibe an
und vom Mutterschosse an mir aufgeladen seid:
Auch bis in euer Alter bin ich derselbe,
und ich will euch tragen, bis ihr grau werdet.
Ich habe es getan;
ich will heben und tragen und erretten.» (Jes 46,3f., Lutherbibel)

Wenn wir nach dem historischen Zusammenhang fragen, ist es so: Diese Worte wurden zunächst zu Juden in der babylonischen Gefangenschaft gesagt. Gerade wenn wir an die schreckliche Geschichte des Antijudaismus und des Antisemitismus denken, dürfen wir dieses Prophetenwort dem jüdischen Volk nicht wegnehmen. Es gilt besonders ihm – und zwar bis heute! In zweiter Linie denke ich aber, dass wir es doch in aller Demut auch als an uns gerichtet hören dürfen. Der Gott des Alten und des Neuen Testaments ist derselbe Gott. Der 82-jährige Michael Wolgemut durfte es auch auf sich beziehen. Auch ihn trug Gott bis ins hohe Alter und wollte ihn erretten.

Noch einmal wörtlich:

«Auch bis in euer Alter bin ich derselbe,
und ich will euch tragen, bis ihr grau werdet.
Ich habe es getan;
ich will heben und tragen und erretten.»

Ich lese den Anfang von Psalm 103:

«Lobe den HERRN, meine Seele,
und alles, was in mir ist, seinen heiligen Namen.
Lobe den HERRN, meine Seele,
und vergiss nicht, was er dir Gutes getan hat.
Der all deine Schuld vergibt
und alle deine Krankheiten heilt,
der dein Leben aus der Grube erlöst,
der dich krönt mit Gnade und Erbarmen,

der dich mit Gutem sättigt dein Leben lang.
    Dem Adler gleich erneuert sich deine Jugend.
Taten der Gerechtigkeit vollbringt der HERR
    und Recht für alle Unterdrückten.
Seine Wege hat er Mose kundgetan,
    den Israeliten seine Taten.
Barmherzig und gnädig ist der HERR,
    langmütig und reich an Güte.
Nicht für immer klagt er an,
    und nicht ewig verharrt er im Zorn.
Nicht nach unseren Sünden handelt er an uns,
    und er vergilt uns nicht nach unserer Schuld.
So hoch der Himmel über der Erde,
    so mächtig ist seine Gnade über denen, die ihn fürchten.
So fern der Aufgang ist vom Untergang,
    so fern lässt er unsere Verfehlungen von uns sein.
Wie ein Vater sich der Kinder erbarmt,
    so erbarmt der HERR sich derer, die ihn fürchten.» (Ps 103,1–13)

Ich gehe davon aus, dass der Maler Michael Wolgemut diese tröstlichen Worte kannte – allerdings auf Lateinisch. Die Psalmen aus dem Alten Testament wurden in der vorreformatorischen Kirche regelmässig so gebetet und gesungen. Gerade wenn man alt wird, tun uns solche Verse gut. Seien doch auch wir für sie und viel anderes in der jüdischen und christlichen Bibel dankbar. Amen.

Oktober 2017

Albrecht Dürer: Ritter, Tod und Teufel

Text: Eph 6,13–18

Der Kupferstich «Ritter, Tod und Teufel» stammt von Albrecht Dürer. Er entstand 1513 wenige Jahre vor der Reformation und gehört zu den berühmtesten Bildern unserer abendländischen Kultur. Zunächst fällt das gekonnt-realistisch gezeichnete Reitpferd in die Augen. Die Landschaft ist eine unwegsame Schlucht. In der Höhe erblickt man eine befestigte Stadt mit hochragenden Türmen. Und dann der Ritter! Einsam reitet er dahin, begleitet von seinem Hund. Von vorn bedroht ihn der Tod, der als Zeichen der zerrinnenden Zeit eine Sanduhr bei sich trägt. Von hinten kommt der Teufel, ein seltsames Fabelwesen, aus verschiedenen Tieren zusammengesetzt. Vorn links unten über dem Bildrand ist die Signatur Albrecht Dürers und darüber ein Totenschädel. «Unser Leben ist ein Vorlaufen in den Tod», will der Künstler damit sagen. Wie fast immer bei Bildern (besonders bei bedeutenden Bildern) ist die Interpretation in vieler Hinsicht offen. Proklamiert der Kupferstich eine positive oder eine negative Botschaft?

Interessant ist, wer alles sich damit auseinandersetzte. 1933 liess Adolf Hitler sich eines der heute seltenen und kostbaren Exemplare schenken. Offenbar identifizierte er sich mit dem Ritter.

Erwähnen möchte ich auch, dass der Philosoph Friedrich Nietzsche den Stich zur Zeit ihrer Freundschaft dem Komponisten Richard Wagner zum Geburtstag überreichte. (Nietzsche lebte damals in Basel und Wagner in Tribschen bei Luzern.) Das wirft Fragen auf. Noch einmal: Ist «Ritter, Tod und Teufel» eher

Albrecht Dürer (1471–1528): Ritter, Tod und Teufel (1513)

optimistisch oder pessimistisch zu verstehen? – Leider ist nicht bekannt (jedenfalls mir ist es nicht bekannt), wie der Künstler Albrecht Dürer selbst über seine Schöpfung dachte.

Nun, im Raum des Christentums vertrat man in der Regel eine positive Deutung. Der Ritter sei ein Bild der christlichen

Existenz. «Kämpfe den guten Kampf des Glaubens.» (1Tim 6,12) Bis vor noch nicht langer Zeit kam es häufig vor, dass man den Konfirmandinnen und Konfirmanden eine Reproduktion dieses Kupferstichs als Andenken an ihre Konfirmation zusammen mit einem Bibelspruch in die Hand gab. Oft wurde dazu auch gepredigt. «Lasst euch von den äusseren und inneren Gefahren nicht beirren», sagte man dann. «Seid tapfer und mutig!» Üblich war, den treuen Hund, der neben dem Ritter trabt, als den Glauben zu deuten. «Wer glaubt, muss keine Angst haben.»

> «Denn ich bin mir gewiss: Weder Tod noch Leben, weder Engel noch Mächte, weder Gegenwärtiges noch Zukünftiges noch Gewalten, weder Hohes noch Tiefes noch irgendein anderes Geschöpf vermag uns zu scheiden von der Liebe Gottes, die in Christus Jesus ist, unserem Herrn.» (Röm 8,38f.)

Und damit zu einem berühmten Abschnitt aus dem Epheserbrief, demjenigen von der «Waffenrüstung Gottes»:

> «Greift darum zur Waffenrüstung Gottes, damit ihr widerstehen könnt am bösen Tag und, nachdem ihr alles zu Ende gebracht habt, bestehen bleibt. Seid also standhaft: Gürtet eure Hüften mit Wahrheit, zieht an den Panzer der Gerechtigkeit, tragt an euren Füssen als Schuhwerk die Bereitschaft für das Evangelium des Friedens und, was auch kommen mag, ergreift den Schild des Glaubens, mit dem ihr alle brennenden Pfeile des Bösen abwehren könnt. Empfangt den Helm des Heils und das Schwert des Geistes, welches ist das Wort Gottes. Von Gebet und Fürbitte lasst nicht ab.» (Eph 6,13–18)

Kritische Menschen mögen bei diesem Bibelabschnitt (und natürlich auch beim Kupferstich «Ritter, Tod und Teufel») sagen: «Ist das nicht alles viel zu kriegerisch?» Möchten wir nicht viel lieber etwas von der Liebe hören und nicht etwas vom Kampf?

Als vor etwas mehr als zwanzig Jahren das uns heute vorliegende Kirchengesangbuch herausgegeben wurde, nahm man an einzelnen Liedern auffallende Retuschen vor. Was allzu kämpferisch klang, fiel dem Rotstift zum Opfer, oder es wurde umgedichtet. So ging es zum Beispiel einer Strophe im, wie ich denke, grossartigen Lied «Sonne der Gerechtigkeit, gehe auf in unsrer Zeit». Im früheren Gesangbuch (bis 1998) findet man die Strophe: «Lass uns deine Herrlichkeit / ferner sehn in dieser Zeit / und mit unsrer kleinen Kraft / üben gute Ritterschaft.»[1] Im heutigen Gesangbuch heisst es jetzt: «Lass uns deine Herrlichkeit / sehen auch in dieser Zeit / und mit unsrer kleinen Kraft / suchen, was den Frieden schafft.»[2]

Selbstverständlich habe ich nichts dagegen, wenn man uns aufruft, alles zu unternehmen, um Frieden zu schaffen. «Selig, die Frieden stiften», heisst es in den Seligpreisungen (Mt 5,9). Aber was war eigentlich gegen den Ausdruck «gute Ritterschaft» einzuwenden? Fair und ritterlich sein ist nicht nur für Männer, sondern wohl auch für Frauen ein hehres Ziel. Nach meinem Dafürhalten kann man Ritterschaft oder Ritterlichkeit nicht hoch genug gewichten. Für viele wohl verständlicher, sagt man heute Fairness.

Wenn ich zuweilen von Vorfällen höre, bei denen im Zusammenhang mit einer tätlichen Auseinandersetzung (in der Regel unter jungen Männern) ein wehrlos am Boden Liegender mit groben Stiefeln ins Gesicht getreten wird, denke ich: «Hat denn niemand unter den Erziehungsverantwortlichen diesen Schlägern beigebracht, dass man auch im Kampf fair oder eben ritterlich sein müsse?» – «Einen Wehrlosen schlägt man nicht!»

Doch etwas anderes: Sowohl der Kupferstich von Albrecht Dürer als auch der Text aus dem Epheserbrief bringt die allgemein menschliche Erfahrung zum Ausdruck: Zu unserer irdischen Existenz gehören Bedrängnis und Kampf. Das Leben ist zwar oft schön und ein wunderbares Geschenk, oft aber auch

---

1 Gesangbuch der Evangelisch-reformierten Kirchen der deutschsprachigen Schweiz, Winterthur 1969, Nr. 335,6.

2 Gesangbuch der Evangelisch-reformierten Kirchen der deutschsprachigen Schweiz, Basel und Zürich 1998, Nr. 795,6.

Schwierigkeiten ausgesetzt. Es gibt Anfechtungen von aussen und von innen. Konkretisieren muss ich das wohl nicht.

Gerade wer zum Beispiel Verantwortung für die Erziehung junger Menschen trägt, darf diesen nicht vorspiegeln, dass das Leben immer ein Honigschlecken sei. Es wäre grausam, junge Menschen ins Leben hinaus zu entlassen, ohne sie auch auf Schwierigkeiten vorzubereiten. Sie müssen auch mit Enttäuschungen umgehen können. Manchmal muss man sich auch wehren, sich wehren können.

Und hier kommt nun die geistliche Waffenrüstung im Epheserbrief ins Spiel – die Waffenrüstung Gottes.

Ich wiederhole die Stelle:

> «Greift darum zur Waffenrüstung Gottes, damit ihr widerstehen könnt am bösen Tag und, nachdem ihr alles zu Ende gebracht habt, bestehen bleibt. Seid also standhaft: Gürtet eure Hüften mit Wahrheit, zieht an den Panzer der Gerechtigkeit, tragt an euren Füssen als Schuhwerk die Bereitschaft für das Evangelium des Friedens und, was auch kommen mag, ergreift den Schild des Glaubens, mit dem ihr alle brennenden Pfeile des Bösen abwehren könnt. Empfangt den Helm des Heils und das Schwert des Geistes, der Gottes Wort ist. Von Gebet und Fürbitte lasst nicht ab.»

Wichtig in diesen Sätzen ist, dass zwar nicht in einer illusionären Haltung verschwiegen wird, dass der Kampf zu unserer irdischen Existenz gehört. Wenn wir den Abschnitt aber genau lesen, nehmen wir wahr: Mit einer einzigen Ausnahme ist nicht von Aggressiv-, sondern von Defensivwaffen die Rede. Der Gürtel der Wahrheit, der Panzer der Gerechtigkeit, das Schuhwerk der Bereitschaft für das Evangelium des Friedens, der Schild des Glaubens und der Helm des Heils! Und die einzige Aggressivwaffe – das Schwert beziehungsweise der Dolch – wird umgehend uminterpretiert: Es das Schwert des Geistes, der Gottes Wort ist! Das heisst: Der geistliche Ritter im Sinne des Neuen Testaments kämpft nicht mit einem im buchstäblichen Sinn richtigen Schwert oder Dolch, mit denen im buchstäblichen Sinn Blut vergossen werden kann. Seine einzige Aggressionswaffe ist das Wort. Ein geistiger oder geistlicher Kampf wird gekämpft. Nicht die physische Kraft oder Gewalt, sondern die besseren Argumente siegen. An dieser Stelle dürfen wir ruhig auch an Jesus in der Bergpredigt denken: «Liebt eure Feinde und betet für die, die euch verfolgen.» «Wenn dich einer auf die rechte Backe schlägt, dann halte ihm auch die andere hin.» (Mt 5,44 und 39) Wichtig ist: Wo man nur mit Argumenten ficht, wird die Freiheit des Gegenübers respektiert, auch mit Nein antworten zu können. Es ist dies ein sehr eindrückliches Konzept. Wir können Konflikten, solange wir leben, zwar nicht immer ausweichen. Anzustreben im christlichen Sinn ist aber – mit dem zeitgenössischen Philosophen Jürgen Habermas gesprochen – der gewaltlose Diskurs. Habermas spricht vom «zwanglosen Zwang des besseren Arguments».[3] Nicht der- oder diejenige trägt den Sieg davon, der oder die physisch stärker ist, sondern der- oder diejenige mit den besseren, mit den einleuchtenderen Argumenten.

Nun, es wäre dazu noch sehr viel mehr zu sagen. Am Schluss des Abschnitts im Epheserbrief steht aber noch etwas, das unter gar keinen Umständen untergehen darf: «Von Gebet und Fürbitte lasst nicht ab.» Das wäre ein Thema für eine weitere Predigt. Aber wir sollen diesen Satz wenigstens kurz gehört haben.

Ich hoffe aber, dass die Betrachtung eines Kupferstichs von Albrecht Dürer und die Besinnung über die so eigenartige geistliche Waffenrüstung im Epheserbrief uns für heute genug Stoff für unser eigenes Nachdenken geben konnten. Ich wünsche allen einen guten Sonntag. Amen.

Oktober 2015

---

3 Jürgen Habermas: Vorbereitende Bemerkungen zu einer Theorie der Kommunikativen Kompetenz, in: Jürgen Habermas/Niklas Luhmann (Hg.): Theorie der Gesellschaft oder Sozialtechnologie – Was leistet Systemforschung? Frankfurt a. M. 1971, S. 137.

Kloster Sucevita und William Blake: Jakobs Traum von der Himmelsleiter

Text: Gen 28,10–19

Lassen Sie mich zuerst von einer Rumänien-Reise erzählen – und zwar mit dem HEKS, dem Hilfswerk der Evangelischen Kirchen der Schweiz. Es war eine sehr eindrückliche Erkundungsfahrt. Wir lernten ein wunderbares Land kennen, und wir konnten uns überzeugen, dass das HEKS mit unseren Spendengeldern eine gute Arbeit leistet. Kleinbauern werden gefördert. So lädt man sie ins Prättigau ein, wo sie erfahren können, wie man bei uns unter ähnlichen Bedingungen Landwirtschaft betreibt. Kinderheime und Altenheime werden in ihrer Arbeit begleitet. Und eine Buchdruckerei der orthodoxen Kirche wird mit Hilfsgeldern unterstützt. Natürlich sahen wir auch viel vom Land, unter anderem besuchten wir die berühmten Moldauklöster, wo die Kirchen nicht nur inwendig, sondern auch auswendig in einer für uns ungewohnten Art intensiv bemalt sind.

Und hier – im Kloster Sucevita – sahen wir ein Bild von Jakobs Traum in Bet-El.

Es ist eine eindrückliche Darstellung. Jakob schläft, aber er ist gewissermassen wach in seinem Schlaf. Und er sieht die Himmelsleiter – im biblischen Text ist es eine Treppe, auf welcher die Boten Gottes auf- und niedersteigen. Die Schranke zwischen Himmel und Erde, zwischen der verborgenen Welt Gottes und unserer sichtbaren Welt, ist aufgehoben worden. Und Jakob hört eine tröstliche Verheissung:

Kloster Sucevita, Rumänien: Jakobs Traum in Bet-El (1604)

> «Und sieh, ich bin mit dir und behüte dich, wohin du auch gehst, und ich werde dich in dieses Land zurückbringen. Denn ich verlasse dich nicht, bis ich getan, was ich dir gesagt habe.» (Gen 28,15)

Es ist einer der grossen und unvergänglichen Texte der jüdischen und christlichen Bibel. Man versteht gut, warum er gerade auch die Kunstschaffenden immer neu zu eindrücklichen Werken angeregt hat.

Völlig erschliesst sich uns der Text aber nur, wenn wir den Zusammenhang beachten, in dem er in der Bibel steht. Wer ist dieser Jakob? Er ist ein junger Mann auf der Flucht. Ein gelehrter Kommentar zum 1. Buch Mose spricht von ihm als von einem

«Landfremden, Einsamen, Obdachlosen».[1] Zusätzlich muss man aber auch von einem Menschen sprechen, der eine schwere Schuld auf sich geladen hat. Viele erinnern sich wohl an die entsprechenden Szenen in der Bibel: Seinem blinden, alten Vater Isaak hat er den Segen abgelistet, der eigentlich für Esau, den Erstgeborenen und Jakobs älteren Bruder, bestimmt gewesen wäre. Und diesem Bruder selbst hat er für ein Linsengericht das Erstgeburtsrecht abgekauft.

Es ist dies wohl der Grund, weshalb die Geschichte von Jakobs Traum in Bet-El diejenigen, die sie in der Bibel lesen, immer von neuem anspricht und ihnen für ihr persönliches Leben etwas gibt. Da magst du vieles in deinem Leben verpfuscht haben, da mag es dir gelegentlich vorkommen, das Versäumte sei nicht wieder gut zu machen, Gott steht dennoch zu dir. Trotz allem Finsteren in der Vergangenheit – Gott schenkt dir eine neue, eine lichte Zukunft.

Lassen Sie mich aus Psalm 23 vorlesen:

> «Wandere ich auch im finstern Tal,
> fürchte ich kein Unheil,
> denn du bist bei mir,
> dein Stecken und dein Stab,
> sie trösten mich.
> Du deckst mir den Tisch
> im Angesicht meiner Feinde.
> Du salbst mein Haupt mit Öl,
> übervoll ist mein Becher.» (Ps 23,4f.)

Die Bibel hilft uns, den Kopf auch in noch so schwierigen Lagen über Wasser halten zu können, indem wir uns in ihren Worten bergen und uns von ihnen Mut zusprechen lassen.

1 Hermann Gunkel: Genesis, Göttingen ^{3}1910, S. 318.

Aus aktuellem Anlass möchte ich im zweiten Teil meiner Predigt aber noch etwas eher Schwieriges aufgreifen – in der Hoffnung, niemanden zu verärgern. Und zwar will ich so anfangen: Einige haben vor ungefähr einem Monat in der Neuen Zürcher Zeitung wohl gelesen, dass der aus Basel stammende jüdisch-orthodoxe Rabbiner David Bollag, der heute mit seiner Familie in Israel lebt, sich über den emeritierten Papst Joseph Ratzinger mächtig aufgeregt hat.[2] Der heute in der Regel ganz in der Stille lebende ehemalige Papst hat in einer theologischen Fachzeitschrift einen Aufsatz publiziert, und zwar über das Verhältnis der römisch-katholischen Kirche zum Judentum. Und hier referiert er – wie gewohnt in seiner hoch intellektuellen Art – über die zweitausendjährige, oft äusserst traurige Geschichte einer schlimmen Auseinandersetzung. Ist Jesus von Nazaret der verheissene Messias? Die Christen sagen ja, und die Juden sagen nein – weil die Welt sich ja nicht zum Besseren gewendet habe! Das jüdische Volk hat oft auf das Grausamste gelitten. Die römisch-katholische Kirche, aber auch die protestantischen Kirchen haben gegenüber dem Judentum eine schwere Schuld auf sich geladen. Wie oft warf man den Juden vor, «Gottesmörder» zu sein, was brutale Verfolgungen nach sich zog!

Joseph Ratzinger schreibt nun deutlich – und ich hoffe, alle stimmen ihm dabei zu –, dass heute ein anderer Ton der christlichen Kirchen gegenüber dem Judentum angesagt sei. Spätestens seit Auschwitz sei «klar, dass die Kirche die Frage nach dem Wesen des Judentums neu bedenken» müsse.[3] Von «Gottesmord» sei nicht mehr die Rede, dürfe es nicht sein. Ratzinger findet überaus freundliche Worte über das Judentum und nennt zum Beispiel das von uns Christen so genannte Alte Testament voll

2 Vgl. David Bollag: Sind wir nun wieder «die treulosen Juden»? NZZ vom 19. Juli 2018, S. 39.

3 Joseph Ratzinger – Benedikt XIV.: Gnade und Berufung ohne Reue. Anmerkungen zum Traktat «De Iudaeis». Communio 4/2018, S. 388.

Bewunderung «ein Buch der Hoffnung».[4] Jedoch – und das ist es, worüber Rabbiner David Bollag sich in der Neuen Zürcher Zeitung aufregt – Ratzinger will zwar den heutigen, real existierenden Staat Israel als einen weltlichen Staat absolut anerkennen, aber er sagt klipp und klar, dass Israel zwar «eine rechtmässige Heimat des jüdischen Volkes» sei, «deren Begründung [aber – und das ist es, woran David Bollag Anstoss nimmt –] nicht unmittelbar aus der Heiligen Schrift abgeleitet werden» könne, sondern dass der heutige real existierende Staat Israel einen – so Joseph Ratzinger wörtlich – «nicht-theologischen Charakter» habe.[5]

Doch warum spreche ich in meiner heutigen Predigt davon? In der Geschichte von Jakobs Traum von der Himmelsleiter steht, dass Jakob verheissen wird:

> «Das Land, auf dem du liegst, dir und deinen Nachkommen will ich es geben.» (Gen 28,13)

Heisst das nicht, dass der heutige Staat Israel eben doch einen theologischen Charakter hat?

Nun, ich persönlich bin der Meinung, dass Joseph Ratzinger in dieser Hinsicht Recht hat. Es scheint mir dies überaus wichtig zu sein: Aus einzelnen Bibelstellen kann man nicht direkte politische Aussagen für die Gegenwart ableiten.

Es ist ja ebenfalls eindeutig, dass antijüdische Stellen im Neuen Testament wie

> «[Die Juden] haben den Herrn Jesus getötet und die Propheten, sie haben uns verfolgt, sie missfallen Gott und sind allen Menschen feind […].» (1Thess 2,15)

und

> (Jesus sagt zu den «Juden»:) «Ihr habt den Teufel zum Vater […].» (Joh 8,44)

4 A. a. O., S. 396.
5 A. a. O., S. 401.

heute nicht in einem fundamentalistischen Sinn angewendet werden dürfen. Ein fundamentalistisches Bibelverständnis – die Bibel als Gesetzbuch im Massstab eins zu eins – hat schon viel zu viel geschadet. So sehr es heute wichtig ist, gegen jeden christlichen oder auch anderen Antijudaismus und Antisemitismus anzukämpfen – und zwar vehement –, so wenig geht es darum, einer unkritischen, vermeintlich biblisch begründeten Schwärmerei für den heutigen real existierenden Staat Israel zu verfallen. Viele meiner jüdischen Freunde sehen es ebenso. Bereits Theodor Herzl, der 1896 mit seinem Buch «Der Judenstaat» die Programmschrift des Zionismus schrieb, argumentierte nicht biblisch-theologisch, sondern weltlich. Noch einmal Joseph Ratzinger: Der Staat Israel ist eine politische Grösse und hat einen «nicht-theologischen Charakter».

Doch lassen wir das für jetzt! Ich dachte, dass ich diesem aktuellen politischen Problem heute nicht ausweichen dürfe. Aber wenden wir uns zum Schluss nochmals einem Kunstwerk zu, einer Verbildlichung des Traums Jakobs des grossen englischen Künstlers William Blake, die im Britischen Museum in London aufbewahrt wird.

Ist es nicht ein wunderbares, ein zauberhaftes Bild? Dieser seiner Heimat entfremdete junge Mensch, der übermüdet und wegen seiner Schuld wohl auch verzweifelt vom Schlaf überwältigt wurde und der in geradezu märchenhafter Weise die unverbrüchliche Zuwendung Gottes trotz allem erfährt! In der unteren Bildhälfte der tief blaue, gestirnte Nachthimmel und oben der Einblick in die jenseitige göttliche Wirklichkeit, in der – wie Dietrich Bonhoeffer in seinem berühmten Gedicht formulierte – «gute Mächte» walten.[6] In diesen «guten Mächten» dürfen auch wir uns bergen.

6 Dietrich Bonhoeffer: Widerstand und Ergebung. Briefe und Aufzeichnungen aus der Haft, hg. von Christan Gremmels u. a., Gütersloh 1998, S. 607f.

William Blake (1757–1827): Jakobs Traum (1805)

Meditieren wir über dieses Bild, musikalisch unterstützt von Imelda Natter! Lassen wir uns spirituell so stärken! Amen.

September 2018

Kirche St. Maria im Kapitol, Köln: Mariä Heimsuchung

Text: Lk 1,39–56

Die Geschichte vom Besuch Marias bei Elisabet ist wunderschön. Die Frage, ob es sich um einen historischen Tatsachenbericht handelt oder ob der Text vom Evangelisten kunstvoll gestaltet wurde und legendenhafte Züge hat, ist nebensächlich. Es genügt, wenn man den Abschnitt einfach liest und darüber meditiert, ihn sinnend in sich aufnimmt. Ich denke, dass es kein Zufall ist, dass der Besuch Marias bei Elisabet, in der Fachsprache die so genannte Heimsuchung (lateinisch visitatio), in der Kunstgeschichte häufig vorkommt.

Im Zusammenhang mit meiner Predigtvorbereitung blätterte ich in meiner eigenen Bildersammlung und surfte im Internet. Was für eine Fülle! Von der altkirchlichen Kunst, die auch heute noch in osteuropäischen Ikonen weiterlebt, bis zur heute aktuellen Kunst – in immer neuen Varianten wird gezeigt, wie die beiden Frauen sich umarmen, wobei die Bilder fast immer von einer grossen Zärtlichkeit erfüllt sind.

Seit Jahren steht eine Ansichtskarte auf meinem Büchergestell: Sie zeigt die Begegnung von Maria und Elisabet auf einer Holztüre an der Kirche St. Maria im Kapitol in Köln, die um 1065 mit geschnitzten Reliefs ausgestattet wurde, also vor über 950 Jahren. Die Darstellung spricht für sich und muss nicht beschrieben werden.

St. Maria im Kapitol, Köln: Mariä Heimsuchung (um 1065)

Wenn man sich die Geschichte genau überlegt, stehen sowohl die junge Maria – nach damaliger Sitte vielleicht vierzehn oder fünfzehn Jahre alt – als auch die ältere Elisabet – man darf sie sich als vielleicht vierzigjährig denken – am Rand der Gesellschaft. Auch heute noch ist es so, dass sich eine Frau neugierige Blicke gefallen lassen muss, wenn sie nach Jahren der Unfruchtbarkeit unerwartet doch noch schwanger wird. Und auf der andern Seite: Das Lukasevangelium verschleiert es etwas, stellt das Ganze in legendenhaftem Goldglanz dar. Die Darstellung im Matthäusevangelium ist nüchterner, weniger poetisch, dafür wohl umso wirklichkeitsgetreuer. Es wird erzählt, dass Josef sich zuerst von Maria trennen, die Verlobung auflösen will, als er von ihrer Schwangerschaft erfährt. Es braucht einen Engel, der ihm im Traum erscheint, damit er Maria trotz der von aussen gesehen zweideutigen Lage treu bleibt, damit er ja zu Marias Kind sagt.

Doch zurück zur Szene vom Besuch Marias bei Elisabet im Lukasevangelium! Trotz der etwas peinlichen Lage der beiden Frauen ist es eine fröhliche Geschichte. Das werdende Kind Elisabets hüpft in ihrem Leib. Der Text interpretiert diese Bewegung so, dass Johannes der Täufer (der Sohn Elisabets) schon vor seiner Geburt prophetisch auf den kommenden Erlöser hinweist. «Er muss wachsen, ich aber muss abnehmen.» (Joh 3,30 Lutherbibel) Elisabet jubelt: «Gesegnet bist du unter den Frauen, und gesegnet ist die Frucht deines Leibes! […] Ja, selig, die geglaubt hat, dass in Erfüllung geht, was ihr vom Herrn gesagt wurde», womit auf die Geschichte von Mariä Verkündigung angespielt wird. Maria hatte gesagt: «Ja, ich bin des Herrn Magd; mir geschehe, wie du gesagt hast!» (Lk 1,38)

Bei vielen Texten in der Bibel staune ich über ihre literarische Qualität, über die sorgfältige Wortwahl und den kunstvollen Aufbau. Das trifft auch hier zu. Ganz knapp wird hier erzählt und das Ganze auf das Wesentliche zugespitzt. Und dieses besteht im so genannten Magnifikat, dem Hymnus, den Maria anstimmt: «Meine Seele erhebt den Herrn usw.» Wer sich in der Bibel auskennt, stellt fest, dass in diesem neutestamentlichen Psalm sozusagen das ganze Alte Testament zusammengefasst ist. Es wimmelt von Anspielungen. Das Magnifikat ist ein reicher Text, geradezu ein Konzentrat aller 150 Psalmen in der hebräischen Bibel, und es ist kein Zufall, dass zum Beispiel der Reformator Martin Luther in den Anfangsjahren der Reformation über das Magnifikat ein kleines Buch schrieb. In einer einzigen Predigt kann man das Magnifikat nicht ausschöpfen. Erwähnenswert ist, dass in den letzten Jahrzehnten besonders lateinamerikanische Befreiungstheologen diesen Text oft zitierten. Er ist für sie ein Beispiel für gesellschaftskritische und revolutionäre Tendenzen in der Bibel.

> «Mächtige hat er vom Thron gestürzt
> und Niedrige erhöht,
> Hungrige hat er gesättigt mit Gutem
> und Reiche leer ausgehen lassen.» (Lk 1,52f.)

In Ländern, in denen der Gegensatz zwischen Arm und Reich, zwischen Hungrigen und Satten, viel stossender als bei uns ist, wird das Magnifikat zum biblischen Belegtext dafür, dass Christinnen und Christen von der Bibel her dazu verpflichtet sind, gegen das Unrecht und die Ungerechtigkeit anzukämpfen. Die Armen brauchen nicht nur Almosen, sondern eine gerechtere Gesellschaftsordnung.

Das ist richtig, mehr als richtig! Auch wir in der reichen Schweiz dürfen uns nicht damit begnügen, dass bei uns vieles besser als anderswo geordnet ist. Es gibt auch bei uns Menschen, die durch das soziale Netz fallen und sich aus eigener Kraft nicht mehr hochrappeln können. Dazu kommt: Auch die Schweiz gehört zum internationalen Wirtschaftssystem. Die grossen Schweizer Konzerne (und auch kleinere Firmen) sind oft mitverantwortlich für ungerechte Zustände in der Dritten Welt, etwa wenn man Gesetzeslücken ausnützt, um dort zu produzieren, wo Umweltschutzvorschriften oder auch Vorschriften zum Schutz der Fabrikarbeiter und Fabrikarbeiterinnen fehlen.

Das darf nicht ungesagt bleiben. Trotzdem ist ein anderer Aspekt des Magnifikats wichtiger: Primär ist es kein ethischer, sondern ganz zentral ein theologischer Text. Ich meine das so: Das Magnifikat hat als eigentliches Thema Gott. An diesem Text kann man in erster Linie lernen, was die Bibel mit dem Ausdruck Gott meint.

Das Wort «Gott» ist überaus vieldeutig, und man muss sich sehr wohl überlegen, was man damit meint, wenn man es in den Mund nimmt. Oft ist es einfach die Chiffre für Unsichtbares und Verborgenes, für eine höhere Macht oder Energie, irgendwie diffus. Ein solcher Gott bedeutet für uns in der Praxis aber kaum etwas, ist wenig hilfreich. Und gegenüber einem solchen Gottesbegriff ist das Magnifikat nun eindeutig ein tief greifendes Korrektiv: Es spricht von einem persönlichen Gott, von einem Gott, der nicht einfach irgendwo über den Wolken thront, sondern der an dieser Welt Anteil nimmt. Das Schicksal von uns Menschen lässt ihn nicht kalt. Es ist ihm nicht gleichgültig, was mit uns geschieht. Gott kennt dich und mich persönlich. Gott greift ein. – Ich wiederhole das vorige Zitat aus dem Magnifikat, das die Befreiungstheologen – und das nicht zu Unrecht – gern anführen:

> «Mächtige hat er vom Thron gestürzt
> und Niedrige erhöht,
> Hungrige hat er gesättigt mit Gutem
> und Reiche leer ausgehen lassen.»

Gewiss, die Verse können auch ein Ansporn dazu sein, dass wir uns unserseits auf die Seite der Niedrigen und Hungrigen stellen, Partei für sie ergreifen, ihnen helfen. Zuerst und zuletzt wird das hier aber von Gott gesagt. Er ist es, der Partei ergreift. Er ist es, der sich neben die Armen stellt. Und damit kommen wir zur eigentlichen Advents- und Weihnachtsbotschaft: Er ist es, der sich nicht nur um hilflose kleine Kinder kümmert, sondern der selbst ein hilfloses kleines Kind und ein armer Mensch wird. Gottes Parteiergreifung für die Armen beschränkt sich weder auf Almosenspenden noch auf Politik, sondern sie besteht primär darin – ich will es ganz schlicht sagen –, dass er einfach da und in Person dabei ist. Gott selbst wird Mensch. Neben den bereits zweimal zitierten Versen, die für die Befreiungstheologie so wichtig sind, gibt es im Magnifikat eine andere Schlüsselstelle:

> «Er hat sich Israels, seines Knechtes, angenommen,
> und seiner Barmherzigkeit gedacht […].» (Lk 1,14)

Nicht Almosen, aber Barmherzigkeit haben wir alle, auch wenn wir reich sind, bitter nötig. Die folgenden Verse stehen im wohl hintergründigsten Weihnachtslied Martin Luthers:

> «Er ist auf Erden kommen arm,
> dass er unser sich erbarm
> und in dem Himmel mache reich […].»[1]

Die Menschwerdung Gottes in der Geburt Jesu bedeutet nicht einfach irdische und soziale Befreiung, sondern mehr. Vielleicht darf ich es so sagen: Es geht nicht nur um materiellen, sondern um spirituellen Reichtum. «Heut tut sich wieder auf die Tür zum schönen Paradeis»,[2] wie es in einem andern alten Lied heisst. Wem allerdings spiritueller Reichtum geschenkt worden ist, dessen Herz wird dann unwillkürlich auch im irdischen Sinn barmherzig werden und nicht aus Stein sein. Allen wünsche ich von Herzen weiterhin eine gute Adventszeit. Amen.

Dezember 2017

---

1 Gesangbuch der Evangelisch-reformierten Kirchen der deutschsprachigen Schweiz, Basel und Zürich 1998, Nr. 392,6.

2 A. a. O., Nr. 395,5.

Eugène Burnand: Der verlorene Sohn

Text: Lk 15,11–32

In meiner heutigen Predigt lasse ich mich von Bildern leiten. Zuerst nur kurz etwas zur Person des Künstlers, der heute weitgehend unbekannt ist: Eugène Burnand lebte von 1850 bis 1921. Er stammte aus dem Waadtland, wuchs in Schaffhausen auf und studierte zuerst Architektur am eidgenössischen Polytechnikum in Zürich (heute ETH), wandte sich dann aber bald definitiv der Malerei zu. Er absolvierte ein Kunststudium in Genf und in Paris. Besonders als Illustrator von Büchern wurde er in Frankreich bekannt. An den Pariser Weltausstellungen von 1889 und 1900 gewann er zweimal eine Goldmedaille. «Unter seinen Schweizer Zeitgenossen galt er als Kosmopolit, der zwischen verschiedenen Wohnsitzen in den Kantonen Waadt, Neuenburg, zwischen Paris, der Provence und Italien hin und her pendelte.»[1] Eines seiner grossen Ölgemälde von 1898 (in meiner Predigt am Ostermontag in St. Laurenzen werde ich darauf eingehen[2]) hängt im Musée d'Orsay in Paris und gilt bis heute als ein wesentliches Meisterwerk an der Wende vom 19. zum 20. Jahrhundert.

Die vier Lithografien, die wir heute vor uns haben, stammen aus Burnands Buch über die Gleichnisse Jesu aus dem Jahr 1908.[3] Ich denke, es sind besondere Bilder. Betrachten wir das erste:

1 Ausstellungsprospekt «Eugène Burnand – peintre naturaliste» des Musée cantonal des Beaux-Arts de Lausanne, 12. März bis 23. Mai 2004.

2 Vgl. unten, S. 63.

3 Eugène Burnand: Les Paraboles, Paris 1908.

Eugène Burnand (1850–1921): Der verlorene Sohn I (1908)

Rein maltechnisch ist es virtuos. Aber darauf kommt es mir heute nicht an. Es ist ein ergreifendes Bild. Der schon etwas älter gewordene Vater nimmt seinen Sohn, dem er entgegengegangen ist, in die Arme. Man spürt des Vaters Zuneigung. Mit seinem weiten Umhang schützt er seinen Sohn. Neugierigen und indiskreten Blicken entzieht er ihn. Der Junge soll sich angenommen und zu Hause fühlen. Hier beim Vater kann er alles, was ihn belastet, loslassen. Er wird ein neues Leben beginnen können. Er muss sich nicht mehr vorwerfen und sich von anderen vorwerfen lassen, was in seinem bisherigen Leben falsch gelaufen ist. Der Vater freut sich, dass er zurückgekommen ist, und auch der Sohn darf sich schlicht freuen. Wir alle wissen, wie die Geschichte weitergeht: Der Vater lässt ihm neue Kleider bringen, Sandalen für die Füsse und einen Siegelring, womit er wieder in seine alten Rechte eingesetzt wird. Ein Fest wird gefeiert, zu dem das ganze Dorf eingeladen ist.

Das Bild spricht weitgehend für sich selbst. Deshalb zu den beiden folgenden Illustrationen:

Auch diese Darstellungen bewegen mich. Es geht um den Sohn, der sich sein Erbe im Voraus auszahlen liess und versuchte, in einem anderen Land eine neue Existenz aufzubauen. Insofern erinnert er uns an viele Lebensschicksale heute, besonders auch

Eugène Burnand (1850–1921): Der verlorene Sohn II (1908)

Eugène Burnand (1850–1921): Der verlorene Sohn III (1908)

an viele junge Afrikaner. Zu Hause sahen sie keine Chance für sich. Sie haben gehört, weit weg in Europa seien die Lebensbedingungen besser. Aber dann geraten sie ins Elend. Es ist alles anders, als sie es sich vorgestellt haben. Vom Sohn im Gleichnis heisst es, er habe sein neues Leben zuerst in Saus und Braus verbracht und sein Erbe verschleudert, wohl das Geld falsch investiert, und dann kam es erst noch zu einer Hungersnot – modern formuliert: einer Wirtschaftskrise. Das Resultat ist bekannt. Eugène Burnand hat es eindrücklich dargestellt. Der junge Mann muss sich als Schweinehirt verdingen, für einen Juden eine schwere Demütigung, und am Ende sitzt er verzweifelt unter einem Baum.

Etwas rechne ich Eugène Burnand hoch an: Er moralisiert nicht. Er zeichnet nicht eine Karikatur des verlorenen Sohnes. Anders als viele Illustratoren des Gleichnisses vor und nach ihm verzichtet er darauf, sich auszumalen, wie der Sohn sein Vermögen in einem Freudenhaus mit Prostituierten durchbringt. Sorgfältige Ausleger des Neuen Testaments machen darauf aufmerksam: Die so genannten «Huren» kommen fast am Ende des Gleichnisses nur in der Rede des älteren Bruders vor, der sich das Leben des jüngeren in der Fremde offenbar so vorgestellt hat und damit etwas von seinen eigenen geheimen Wünschen verrät. So war der jüngere Sohn gemäss der eigentlichen Erzählung in der Bibel nicht. Natürlich, er hat Fehler gemacht. Er ist unvorsichtig und unklug mit seinem Vermögen umgegangen. Aber im Wesentlichen ist er doch ein normaler und durchschnittlicher junger Mensch und steht stellvertretend für viele andere, stellvertretend auch für uns. Es ist dies der Grund, weshalb das Gleichnis so viele anspricht. In einem gewissen Sinn lässt sich sagen: Wir alle sind jedenfalls zeitweise wie der verlorene Sohn. Wir leben in den Tag hinein. Es fehlt uns das nötige Verantwortungsbewusstsein. Manchmal sind wir kopflos, und erst, wenn etwas schief herausgekommen ist, fangen wir an, zu bereuen. O, hätte ich doch!, und: O, hätte ich doch nicht! Die so genannt kleinen und feinen Sünden sind zumeist einschneidender als die grossen.

Eugène Burnand (1850–1921): Der verlorene Sohn IV (1908)

Doch jetzt das letzte Bild: Für mich ist es zwar nicht das grösste, aber das wichtigste der vier Bilder. Der Vater steht am Fenster und wartet auf den Sohn. Er hat diesem Freiheit gewährt und ihn ziehen lassen. Er hat ihm erlaubt, seinen eigenen Weg zu gehen. Er hat ihn nicht bevormundet. Er hat ihn als Erwachsenen respektiert. Er drängt sich ihm nicht auf. Aber er ist immer für ihn da.

Wir alle wissen es: Der Vater im Gleichnis vom verlorenen Sohn, das Jesus erzählt, ist ein Bild für Gott. Und dies ist für mich das Grosse und Bleibende daran: Der Gott, von dem Jesus erzählt und den er selbst in unserer Welt verkörpert, ist nicht ein autoritärer Gewaltherrscher, sondern er ist fein und zurückhaltend. Bereits, indem er die Welt und uns alle erschaffen hat, hat er sich zurückgenommen und auf einen Teil wenigstens seiner Macht verzichtet. Es ist dies der Punkt, worin der Gott des christlichen Glaubens sich von vielen anderen Göttern unterscheidet. Denken Sie an den griechischen Gott Zeus, der mit Donnerkeilen dreinschlägt! Oder denken sie an die indische Göttin Kali, die eine Kette mit den abgeschlagenen Köpfen ihrer Widersacher als Schmuck um den Hals trägt! Im Sinne Jesu möchte ich zusätzlich an die Szene im Alten Testament erinnern, in welcher der Prophet Elia seinem Gott begegnet. Gott ist nicht im Sturm oder im

Erdbeben oder im Feuer, sondern – wie es wörtlich heisst – im «Flüstern eines sanften Windhauchs». (1Kön 19,12) Oder erinnern wir uns an die Verse im Buch Jesaja:

> «Denn so spricht der HERR:
> Sieh, wie einen Strom leite ich den Frieden zu ihr
> und den Reichtum der Nationen wie einen flutenden Fluss,
> und ihr werdet trinken,
> auf der Hüfte werdet ihr getragen,
> und auf den Knien werdet ihr geschaukelt.
> Wie einen, den seine Mutter tröstet,
> so werde ich euch trösten.» (Jes 66,12f.)

Es ist höchst bemerkenswert, dass Eugène Burnand diesen Aspekt des biblischen Gottesbildes mit grosser Sensibilität herausgespürt und dargestellt hat. Beachten Sie, bitte, nochmals besonders die vierte Lithografie, diejenige vom Vater, der am Fenster in unverbrüchlicher Liebe wartet!

Damit bin ich fast am Schluss. Lassen Sie mich kurz etwas wiederholen, was ich schon in einer früheren Predigt zitiert habe und was ebenfalls diesen so überaus zärtlichen, nicht aufdringlichen, sondern zurückhaltenden Aspekt des biblischen Gottesbildes unterstreicht, eine Geschichte, die wir dem grossen jüdischen Gelehrten Martin Buber verdanken. Hören wir sie ohne weiteren Kommentar:

> «Rabbi Baruchs Enkel spielte einst mit einem andern Knaben Verstecken. Er verbarg sich gut und wartete, dass ihn sein Gefährte suche. Als er lange gewartet hatte, kam er aus dem Versteck; aber der andere war nirgends zu sehen. Nun merkte der Enkel, dass sein Gefährte ihn von Anfang an [gar] nicht gesucht hatte. Darüber musste er weinen, kam weinend in die Stube seines Grossvaters gelaufen und beklagte sich über den bösen Spielgenossen. Da flossen Rabbi Baruch die

> Augen über, und er sagte: ‹So spricht Gott auch: Ich verberge mich, aber keiner will mich suchen.›»[4]

Gott wartet auf uns! Amen.

Januar 2019

4 Martin Buber: Die Erzählungen der Chassidim, Zürich 1949, S. 191. Vgl. Frank Jehle: Bei offenen Kirchenfenstern. Predigten im Radio und an der Universität, Zürich 2008, S. 31.

Eugène Burnand: Der barmherzige Samaritaner

Text: Lk 10,25–37

Auch in dieser Predigt lassen wir uns vom Künstler Eugène Burnand leiten. Und ich hoffe, dass es Ihnen ebenso geht wie mir: Eine künstlerische Interpretation einer bekannten biblischen Geschichte lässt diese oft in einem neuen Licht erscheinen. Sie wirkt wie frisch. Das letzte Mal habe ich erzählt, dass Eugène Burnand als Illustrator von Büchern um die Wende vom 19. zum 20. Jahrhundert so hochgeschätzt wurde, dass er zweimal an einer Weltausstellung in Paris die Goldmedaille gewann. Und auch heute lernen wir ihn als einen zeichnerischen Virtuosen kennen.

Zunächst zwei Szenen zum berühmten Gleichnis Jesu vom barmherzigen Samaritaner, zuerst, wie der Samaritaner den halbtot am Wegrand Liegenden auf seinem Maultier mit sich nimmt. Der unter die Räuber Gefallene wäre sonst gestorben. Berührend und lebensnah sind der Hund und das Maultierfüllen. Die Unwirtlichkeit der Landschaft zwischen Jerusalem und Jericho ist drastisch dargestellt, wie eine Gebirgslandschaft in der Schweiz. Entscheidend ist die Behutsamkeit und Zartheit des Samaritaners. Ich stelle mir vor: Als Geschäftsreisender hatte er wohl nicht Zeit zu verlieren. Aber er liess sich aufhalten. Er sah die fremde Not. Und deshalb liess er sich in seiner Geschäftigkeit unterbrechen.

Auf dem zweiten Bild drückt der Samaritaner dem Wirt der Herberge eine Geldsumme in die Hand. Auch jetzt sind das Fül-

Eugène Burnand (1850–1921): Der barmherzige Samaritaner I (1908)

len und der treue Hund dabei sowie – neu – Hühner mit ihren Küken. Dazu gehören die Worte:

Eugène Burnand (1850–1921): Der barmherzige Samaritaner II (1908)

> «Sorge für ihn! Und was du darüber hinaus aufwendest, werde ich dir erstatten, wenn ich wieder vorbeikomme.» (Lk 10,35)

Nicht umsonst gehört der barmherzige Samaritaner auch heute noch – wenn ich so sagen darf – zu den Ikonen unserer Kultur. Man kann ihn nicht vergessen.

Man übersieht oft, wie provokant die Geschichte ist, die Jesus erzählt. Der Priester und der Levit haben sich vom halbtot am Wegrand Liegenden nicht ablenken lassen. Ihre amtlichen Verpflichtungen am Tempel von Jerusalem waren offenbar wichtiger für sie. Vielleicht dürfen wir gar nicht zu hart über sie urteilen, da wir ja oft auch nicht besser und d. h. mitmenschlicher sind. Auch wir lassen uns von unseren Vorhaben nicht gerne ablenken. Das Provokante an der von Jesus erzählten Geschichte ist ein Doppeltes: Erstens, dass er als negative Beispiele hoch angesehene Respektspersonen auswählt. Und zweitens, dass der Samaritaner Angehöriger einer Volksgruppe ist, die damals schlecht beleumdet war. Die Samaritaner waren gewissermassen eine Sekte. Ihre Religion übten sie nicht im Tempel von Jerusalem aus, sondern in einem eigenen Heiligtum auf dem Berg Garizim.

Wenn man die Geschichte nach St. Gallen im Jahr 2019 übertragen wollte, sähe sie vielleicht folgendermassen aus: Jesus wählt als Gestalt, an der er demonstrieren will, was Barmherzigkeit praktisch heisst, nicht eine Person, die hoch angesehen ist, sondern eine Gestalt, die zu einer Randgruppe gehört, der viele mit Misstrauen begegnen und die of diskriminiert wird. Heute könnte das ein Asylbewerber aus Afrika sein – oder eine Putzfrau, die ein Kopftuch trägt und aus der Türkei stammt. Der springende Punkt der Geschichte vom barmherzigen Samaritaner besteht darin, dass im Bannkreis Jesu die Grenzen weit geöffnet werden. In der theologischen Fachsprache spricht man in diesem Zusammenhang vom «Universalismus» des Christentums. Die gängige Unterscheidung «wir und die anderen» wird kritisch hinterfragt, ja sogar ins Gegenteil verkehrt. Die Stammes- und Landesgrenzen gelten nicht mehr. Der nationale beziehungsweise ethnozentrische Horizont wird gesprengt. Der nicht zur eigenen Gruppe gehörende Samaritaner tut spontan das Richtige. Er wendet sich dem unter die Räuber Gefallenen zu, hilft ihm und rettet ihm das Leben und wird so für uns Vorbild.

Kurz zum Wort «Barmherzigkeit»: Auf Griechisch, in der Originalsprache des Neuen Testaments, hängt das Wort mit dem Wort für Eingeweide zusammen. Barmherzigkeit empfinden heisst: Meine Eingeweide krampfen sich zusammen. Angesichts der fremden Not bekomme ich gewissermassen Bauchweh. Und dieses zwingt mich dann zum Handeln.

Aus dem Buch zu den Gleichnissen Jesu von Eugène Burnand können zwei weitere Bilder helfen, das Thema Barmherzigkeit weiter zu vertiefen. Es handelt sich um Illustrationen zum Gleichnis vom Jüngsten Gericht in Matthäus 25.

Zum ersten Bild lautet der Text:

> «Ich war krank, und ihr habt euch meiner angenommen.» (Mt 25,36)

Zum zweiten Bild lautet der Text so:

> «Ich war im Gefängnis, und ihr seid zu mir gekommen.» (Ebenda)

Ich halte sie (und hoffentlich stimmen Sie mir zu) für eindrückliche Bilder.

Das erste zeigt, wie eine junge Frau einen bettlägerigen Mann besucht. Sie setzt sich zu ihm. Ihre Haltung zeigt, dass sie ihm zuhört, sich für ihn interessiert, ihn in seiner Hilflosigkeit verstehen möchte.

Das zweite Bild ist fast noch packender. Es zeigt einen Gefangenen, der grobe, aus Eisen geschmiedete Fesseln an den Handgelenken trägt. Wichtig scheint mir, dass er nicht unbedingt sympathisch ist. Das Gesicht ist verbittert. Man weiss nicht, was er verbrochen hat, warum er im Gefängnis ist. Das Gleichnis vom Jüngsten Gericht will nicht sagen, dass man nur unschuldige Gefangene besuchen solle. Auch wer schuldig geworden ist, ist ein Mensch, der Zuwendung braucht, oft sogar besonders.

Eugène Burnand (1850–1921): Das Gleichnis vom Jüngsten Gericht I (1908)

Noch einmal:

> «Ich war im Gefängnis, und ihr seid zu mir gekommen.»

Oder etwas später im gleichen Kapitel:

> «Ich war krank und im Gefängnis, und ihr habt euch meiner nicht angenommen.» (Mt 25,43)

Wichtig am Gleichnis vom Jüngsten Gericht ist das Folgende: Die vom Gleichnis Angesprochenen wissen nicht, dass Christus selbst in den Kranken und Gefangenen vor ihnen steht. Christus ist ihnen anonym begegnet. Nicht umsonst sagen Sie:

> «Wann haben wir dich krank gesehen oder im Gefängnis und sind zu dir gekommen?» (Mt 25,39)

Die berühmte Antwort lautet:

> «Was ihr einem dieser meiner geringsten Brüder [und natürlich auch Schwestern] getan habt, das habt ihr mir getan.» (Mt 25,40)

Eugène Burnand (1850–1921): Das Gleichnis vom Jüngsten Gericht II (1908)

Und:

> «Was ihr einem dieser Geringsten nicht getan habt, das habt ihr mir nicht getan.» (Mt 25,45)

Betrachten wir nochmals die vier Lithografien Eugène Burnands, den Samaritaner, der den unter die Räuber Gefallenen auf sein Maultier lädt, den Samaritaner, wie er für den unter die Räuber Gefallenen bezahlt, die Frau, die einen Kranken besucht, und den offensichtlich sehr unglücklichen Gefangenen und Gefesselten. Und denken wir über das Wort Barmherzigkeit nach. Ich schliesse mit einem Jesuswort:

> «Seid barmherzig, wie euer Vater barmherzig ist!» (Lk 6,36)

Amen.

Februar 2019

Della Francesca, Grünewald, Dix und Burnand: Ostermontag

Text: Joh 20,1–18

Ostermontag! Ich denke, dass es zutiefst sinnvoll ist, dass die christlichen Hauptfeste – Weihnachten, Ostern, Pfingsten – zwei Tage lang gefeiert werden. Besonders das Ostergeheimnis ist für einen Tag zu gross, genau genommen reicht ein ganzes Menschenleben nicht, es in seiner Tiefe zu erfassen. Für den heutigen Gottesdienst habe ich vier Bilder ausgewählt, die dokumentieren können, wie Künstler mit dem Ostergeheimnis umgegangen sind. Jeder von ihnen hat nur einen Teil davon erblickt. Wie sollte es anders sein? An den Anfang stelle ich ein Gemälde aus der italienischen Renaissance: Piero della Francesca, Auferstehung Christi, 1463/65.

Bei einem Aufenthalt in Deutschland bin ich zufällig auf das Bild gestossen, und zwar in der Süddeutschen Zeitung. Das Fresko befindet sich in der Kapelle des Rathauses der kleinen italienischen Stadt Sansepolcro am Oberlauf des Tibers. Der Künstler stammte aus dieser Stadt und hat sich hier mit diesem Meisterwerk verewigt. Der britische Schriftsteller Aldous Huxley soll es als «das schönste Gemälde der Welt» bezeichnet haben.[1] Das Bild wurde in den letzten Jahren aufwändig restauriert. Und nicht wahr: Es ist wirklich schön! (Darauf, dass es das schönste Bild

---

1 Vgl. Thomas Steinfeld: Ich sehe, also bin ich. Süddeutsche Zeitung vom Montag, 19. November 2018, S. 10.

Piero della Francesca (1416–1492): Auferstehung (1463/65)

sei, möchte ich mich allerdings nicht festlegen.) Von Piero della Francesca ist bekannt, dass er sich intensiv mit Geometrie und mit Perspektive befasste. Kühn ist der Kontrast: Im Vordergrund schlafen vier Grabeswächter, der zweite von links ist übrigens ein Selbstbildnis des Malers. Der auferstandene Christus steht ausnehmend selbstbewusst als der grosse Sieger über den Tod auf seinem Sarkophag. Im Hintergrund sehen wir schwach eine italienische Landschaft. Eingerahmt ist das Bild von antiken Säulen, typisch für die Renaissance, die das Altertum wiederbeleben wollte. Das Bild strahlt eine grosse Harmonie aus.

Ich kann nicht verschweigen: Ich bewundere das Bild, theologisch macht es mir aber Mühe. Der auferstandene Christus wie ein altgriechischer Apollo, vollkommen schön! Ein wohlgebauter, geradezu idealer Mann! Ich denke, dass wir das heute nicht mehr nachvollziehen können. Eine Person, mit der zusammen ich das Bild betrachtet habe, nannte es schlicht «heidnisch». Das Ostergeheimnis ist mir hier zu handgreiflich und zu plump. Aus diesem Grund habe ich zwei weitere Bilder für Sie mitgebracht. Zuerst die Osterdarstellung auf dem Isenheimer Altar:

Es ist eine Tafel des weltberühmten Kunstwerks im Museum Unter den Linden in Colmar im Elsass, von dem die meisten wohl die Kreuzigungsdarstellung im Gedächtnis haben. (Sie erinnern sich sicher an Johannes den Täufer, der mit einem stark vergrösserten Zeigefinger auf das Kreuz zeigt: «Siehe das Lamm Gottes.» [Joh 1,29] «Er muss wachsen, ich aber muss abnehmen.» [Joh 3,30]) Der Isenheimer Altar ist nur fünfzig Jahre nach der Darstellung Piero della Francescas entstanden, und doch strahlt er einen völlig anderen Geist aus. Es wurde schon gesagt: Wenn man die Auferstehung Christi überhaupt malerisch gestalten wolle, dann sei dies der einzige denkbare Weg. Die Grabeswächter sind zwar ebenfalls realistisch dargestellt. Aber der Auferstandene sprengt alle irdischen Dimensionen. Das Bild erinnert an die Sonne oder an die Explosion einer Atombombe. Als die erste Atombombe am 16. Juli 1945 in New Mexiko gezündet wurde, sagten die damaligen Augenzeugen, es habe «heller als tausend Sonnen» geleuchtet.[2] Matthias Grünewald, der Maler des Isenheimer Altars, wollte mit seinem Auferstehungsbild offenbar sagen, dass die Osterbotschaft beziehungsweise das Ostergeheimnis mit

2 Vgl. Charles Moritz (Hg.): Current Biography Yearbook, 1964, New York 1964, S. 331.

Matthias Grünewald (1470–1528): Isenheimer Altar (1513/15)

Otto Dix (1891–1969): Grosse Auferstehung Christi (1949)

nichts verglichen werden kann. In der Sprache des jungen Karl Barth: Gott ist der ganz Andere.

Und ähnlich verhält es sich mit dem dritten Bild, das kurz nach dem Zweiten Weltkrieg entstand, der «Grossen Auferstehung» des deutschen Expressionisten Otto Dix von 1949.

Otto Dix war damals 58 Jahre alt. Seine grosse Zeit hatte er in den Jahren vor dem Nationalsozialismus. Viele wichtige Museen kauften seine Werke an, in denen er teilweise die Schrecken des Krieges darstellte. Sie wurden als pazifistisch verstanden. (Er selbst hatte am Ersten Weltkrieg teilgenommen und viel Entsetzliches gesehen.) Als einer der ersten Künstler verlor er nach der Machtergreifung Adolf Hitlers seine Stelle als Professor an einer Kunstakademie. In der berühmt-berüchtigten Ausstellung «Entartete Kunst» wurde er als wehrkraftzersetzend verhöhnt. Während des Zweiten Weltkriegs konnte er, der in Hemmenhofen am Untersee lebte, nur im Untergrund malen. Ich denke, seine Darstellung der Auferstehung Jesu von 1949 spricht für sich selbst und ist in ihrer Art mit dem viel älteren Isenheimer Altar vergleichbar. Wichtig ist für mich, dass der Auferstandene eher als Leidender – fein und sensibel, und nicht ein Kraftprotz – dargestellt ist.

Vielleicht fällt Ihnen auf, dass ich mich in der Reihenfolge der Bilder nicht an die Chronologie halte. Das vierte und letzte Bild ist älter als das von Otto Dix.

Bereits zweimal habe ich in den vergangenen Monaten einen Kunstgottesdienst, über den Waadtländer Eugène Burnand gestaltet, der heute fast vergessen ist. Unser heutiges Osterbild gilt als ein Höhepunkt in seinem Lebenswerk und hängt nicht umsonst im Musée d'Orsay in Paris, der dem 19. Jahrhundert gewidmeten Dependance des Louvre. Ich muss gestehen, diese Osterdarstellung ist mir von allen vier die liebste. Nun, warum? Eugène Burnand hat darauf verzichtet, den Auferstandenen selbst zu zeichnen. Er liess das Ostergeheimnis stehen. Ich denke, Burnand fühlte sich mit gutem Grund gehemmt. Sprengt der auferstandene Christus nicht den Raum der sichtbaren Wirklichkeit und ist streng genommen gar nicht darstellbar? Das Göttliche ist grundsätzlich unanschaubar. Eugène Burnand konzentrierte sich auf zwei Menschen, die von der Osterbotschaft hörten: Maria Magdalena findet Jesus am Ostermorgen nicht in seinem Grab,

Eugène Burnand (1850–1921): Der Lieblingsjünger und Petrus eilen am Ostermorgen zum Grab (1898)

und sie erzählt den Jüngern davon. Petrus und der Lieblingsjünger Jesu machen sich spontan auf den Weg und eilen zum Grab. Burnand stellt eine Bewegung dar. Mit je verschiedenem Gesichtsausdruck – erstaunt und nachdenklich – rennen die Jünger los. Petrus reisst weit die Augen auf, während der Lieblingsjünger seine Stirn runzelt. Die Osterbotschaft ist für beide etwas, das sie in ihrer Gemächlichkeit und Ruhe aufschreckt. Sie können nicht sitzen bleiben. Wenn Jesus auferstanden ist, hat das für ihr Leben Konsequenzen. Für mich ist dieses Bild eine Aufforderung, mich ebenfalls zu bewegen. «Jesus lebt, mit ihm auch ich!», wie es in einem Kirchenlied heisst.

So steht es in einer Strophe dieses Lieds von Christian Fürchtegott Gellert, der – modern formuliert – in Leipzig Goethes Deutschlehrer war und dem es gelang, Wesentliches des christlichen Glaubens bleibend in Worte zu fassen:

«Jesus lebt! Ich bin gewiss,
nichts soll mich von Jesus scheiden,
keine Macht der Finsternis,

keine Herrlichkeit, kein Leiden.
Seine Treue wanket nicht;
Dies ist meine Zuversicht.
Jesus lebt! Nun ist der Tod
mir der Eingang in das Leben.»[3]

Das ist es, worum es im Osterglauben geht. Amen.

Ostermontag 2019

3 Gesangbuch der Evangelisch-reformierten Kirchen der deutschsprachigen Schweiz, Basel und Zürich 1998, Nr. 482,3.

Eugène Burnand: Das Gleichnis vom Sämann

Text: Mk 4,3–9

Für meine heutige Predigt lasse ich mich ein weiteres Mal vom Westschweizer Maler Eugène Burnand anregen, für mich eine relativ neue Entdeckung. Der Künstler lebte 1850–1921 und starb in Paris, wo er besonders an der Wende vom 19. zum 20. Jahrhundert hochgeschätzt war. Heute ist es still um ihn geworden. Lange wurde es ihm zum Verhängnis, dass genau in den Jahren, in denen er künstlerisch auf dem Höhepunkt stand, in der Welt der internationalen Kunst eine Revolution stattfand. Es kam unter anderem zum Kubismus, auch zum Expressionismus und zum Surrealismus. Realistische Bilder waren nicht mehr gefragt. Dabei hatte man Burnand seinerzeit mehrfach besonders wegen der «schlichten Naturwahrheit seiner Schilderungen» mit einem Kunstpreis ausgezeichnet.[1] Erst seit wenigen Jahren bewertet man Maler wie Burnand wieder sachlicher – und mit mehr Respekt. Heute begegnet man in den Kunstgalerien jungen und sehr erfolgreichen Malerinnen und Malern, deren oft grossformatige Bilder geradezu provokant detailgetreu wie eine Fotografie sind.

Zunächst zum Äusserlichen: Burnand war ein meisterhafter Zeichner. Exakt betrachtet er seine Modelle. Er legt grossen Wert auf Präzision. Anders als andere Bibelillustrationen aus dem 19. Jahrhundert (zum Beispiel Schnorr von Carolsfeld) sind seine Darstellungen nicht theatralisch. Und weit mehr als das: Gerade

1 Oskar Beyer in RGG, Band I, Tübingen [2]1927, Sp. 1379. Hier auch das folgende Zitat.

Eugène Burnand (1850–1921): Das Gleichnis vom Sämann I (1908)

die beiden Bilder, die uns hier vorliegen, haben eine starke Ausstrahlung. Es handelt sich um zwei Lithografien Burnands zum Gleichnis Jesu vom Sämann. Der Sämann ist eine Persönlichkeit,

Eugène Burnand (1850–1921): Das Gleichnis vom Sämann II (1908)

ein Mensch mit einem stolzen Selbstbewusstsein. Nicht umsonst wurde von der «sonderbar bannende[n] Wirkung» der gelungensten Bilder Burnands gesprochen.

Doch mit der Wendung «bannende Wirkung» sind wir bereits einen ganzen Schritt vom Äusserlichen in die Tiefe vorgedrungen. Was mich persönlich an Bildern von bedeutenderen und weniger bedeutenden Künstlern immer wieder fasziniert, ist die Erfahrung: Wohl weitgehend unbewusst und intuitiv tauchen Maler, Bildhauer und auch Musiker, was wir schon lange zu kennen glaubten, in ein neues Licht, beleuchten es aus einer besonderen Perspektive. So geht es mir auch mit den beiden Bildern, die ich heute für Sie mitgebracht habe.

Eugène Burnand erarbeitete ein grosses Buch mit Lithografien zu den Gleichnissen Jesu, erschienen 1908. Dass er das Gleichnis vom Sämann aufgriff und sogar zwei Bilder dazu schuf, liegt angesichts des Bekanntheitsgrades des Gleichnisses auf der Hand, nicht jedoch die Art, wie er seine Aufgabe gelöst hat. Es gibt unzählige Predigten über dieses Gleichnis. Und fast immer liegt der Schwerpunkt auf dem Boden, auf den der Same fällt, und nicht etwa auf dem Sämann. Auch in der heutigen Zürcher Bibel ist der Abschnitt – wie mir scheint: irreführend – mit «Das Gleichnis vom vierfachen Acker» überschrieben.

Nun es ist wirklich wahr: Das Gleichnis erzählt auch davon, dass dem Saatgut teilweise Unerfreuliches widerfährt. Die Saat geht nicht überall so auf, wie der Sämann es sich gewünscht hat: Etliches fällt auf den Weg, «und die Vögel kamen und frassen es». (Mk 4,4) «Anderes fiel auf felsigen Boden […].» (Mk 4,5) «Anderes fiel unter die Dornen […]». (Mk 4,7) In vielen Auslegungen wird vor allem über das Negative nachgedacht und dabei oft recht ausführlich eine Typologie verschiedener Menschen entworfen: Es gibt oberflächliche, die sich leicht ablenken lassen. Es gibt andere, die sich schnell für etwas Neues begeistern, es dann aber sofort wieder vergessen. Und so weiter und so fort. Was bei derartigen Deutungen (die ja nicht völlig falsch sind) aber in vielen Fällen untergeht, ist der überschwängliche Schluss des Gleichnisses: «Und das eine trug dreissigfach, das andere sechzigfach, das dritte hundertfach.» (Mk 4,8) Auch wenn vieles schief gelaufen ist, ist die Ernte gross und könnte streng genommen nicht besser sein. Das Gleichnis ist eine Erfolgsgeschichte und hat eindeutig ein happy end. Es hängt dies damit zusammen, dass der Sämann grundsätzlich betrachtet es eben trotzdem richtig gemacht hat.

Wir alle wissen es: Der Sämann des Gleichnisses Jesu ist ein Bild für Gott. «Schaut her, so ist mein himmlischer Vater», will Jesus mit seinem Gleichnis sagen, «mein Vater ist weltlich gesprochen ein Optimist». «Erfüllt ist die Zeit, und nahe gekommen ist das Reich Gottes», hiess es in der ersten Predigt Jesu. (Mk 1,15) Und später heisst es: «[…] seht, das Reich Gottes ist mitten unter euch.» (Lk 17,21) Zwar wandeln wir «im Glauben und nicht im Schauen», wie der Apostel Paulus später sagen wird. (2Kor 5,7, Lutherbibel) Aber trotzdem – es ist dies der Grund, weshalb Jesus das Gleichnis vom Sämann erzählt –: Mag auch vieles nicht unseren Wünschen entsprechen, mögen wir mit vielen Sorgen bei uns zu Hause und draussen in der Welt kämpfen müssen, mögen wir dann und wann enttäuscht worden sein und auch mit weiteren Enttäuschungen fertig werden müssen – schaut diesen Sämann an: Unbeirrt geht der hochgewachsene Mann mit seiner kräftigen Statur seiner Arbeit nach. Mit sicherem Schritt schreitet er über den Ackerboden. Mit fester Hand wirft er das Saatgut aus. Unerschütterlich vertraut er darauf: Sein Werk muss, und es wird gelingen.

Noch einmal: Der Sämann, von dem Jesus erzählt, ist ein Bild für Gott. Dieser Gott ist ein überreicher Gott. Er kann es sich leisten, dass einiges von dem, was er aussät, daneben geht. Am Ende ist die Ernte trotzdem dreissig-, sechzig- oder sogar hundertfach. In der Rückschau sollte man sich nicht über das Misslungene grämen, sondern sich über das Gelungene herzhaft freuen.

Das Gleichnis Jesu will uns ermutigen. In letzter Zeit habe ich mehrfach darüber nachgedacht: Was brauchen wir alle am meisten, wenn wir einen Gottesdienst in einer Kirche besuchen? Was brauchen aber auch die Männer, Frauen und Kinder, die heute nicht unter uns sind? Was braucht die ganze Welt? – Ich denke, es sollten nicht Strafpredigten sein (das versteht sich eigentlich ja von selbst, eine Strafpredigt hat noch selten jemanden gebessert). Es sollten aber auch keine Moralpredigten sein. «Du musst, und du darfst nicht usw.» Natürlich, wir sollen nicht einfach in den Tag hineinleben. Wir sollen unsere Verantwortung wahrnehmen, wo immer wir eine solche tragen. Aber ich kenne genug Menschen, die oft einfach müde sind. Sie fühlen sich überfordert, und oft sind sie es auch. Vor lauter Schwierigkeiten, Problemen und Aufgaben, die unlösbar erscheinen, verfallen sie der Resignation. Oder – auch ich selbst gehöre leider oft dazu – sie fangen an zu schimpfen, zum Beispiel über einzelne Politiker im Inland und im Ausland (Namen nennen will ich nicht), als wenn die Welt durch das Schimpfen besser würde.

Und dies gefällt mir nun an den beiden Lithografien Eugène Burnands: Dieser, sein Sämann ist nicht der Resignation verfallen. Dieser, sein Sämann packt an und tut seine Pflicht. Wenn Gott nicht unablässig tätig wäre, will uns Jesus mit seinem Gleichnis sagen, stünde es um vieles noch viel schlimmer.

Hier der Text aus dem Markusevangelium:

> «Hört! Der Sämann ging aus, um zu säen. Und beim Säen geschah es, dass etliches auf den Weg fiel, und die Vögel kamen und frassen es. Anderes fiel auf felsigen Boden, wo es nicht viel Erde fand, und es ging sogleich auf, weil die Erde nicht tief genug war. Und als die Sonne aufging, wurde es versengt; und weil es keine Wurzeln hatte, verdorrte es. Anderes fiel unter die Dornen, und die Dornen schossen auf und erstickten es, und es brachte keine Frucht. Wieder anderes fiel auf guten Boden und brachte Frucht. Es ging auf und wuchs. Und das eine trug dreissigfach, das andere sechzigfach, das dritte hundertfach.» (Mk 4,3–8)

Es ist wichtig, dass wir das Gleichnis Jesu mit der richtigen Betonung lesen. «Es ging auf und wuchs. Und das eine trug dreissigfach, das andere sechzigfach, das dritte hundertfach.» Das ist der springende Punkt des Gleichnisses, das Jesus erzählt. Diese Wörter müssen wir unterstreichen und betonen.

In der fachwissenschaftlichen Literatur findet man den Begriff «Achtergewicht». Damit ist gemeint: Sie kennen wohl aus der Sprache der Seefahrer die Unterscheidung zwischen Vorder- und Achterdeck. Das Achterdeck ist der hintere Teil des Schiffes. Der Begriff «Achtergewicht» meint nun, dass volkstümliche Geschichten – und die Gleichnisse Jesu sind volkstümliche Geschichten! – von ihrem Schluss her gedeutet werden müssen. Was zuletzt kommt, ist das, worauf es ankommt. Im Gleichnis vom Sämann ist die überwältigend grosse Ernte – dreissig und sechzig- und hundertfach – das, worauf es ankommt.

Wir stossen auch in anderen Gleichnissen Jesu auf den gleichen positiven Grundton: Aus dem winzigen Senfkorn wächst eine grosse Staude, in der die Vögel nisten können. (Mk 4,31f.) Eine kleine Portion Sauerteig durchsäuert den ganzen Teig, sodass viele Laibe Brot gebacken werden können. (Mt 13,33) Und Jesus hat selbst auch so gelebt, wenn er sich den allerverschiedensten

Menschen liebevoll zuwandte und so seinen himmlischen Vater abbildete. Kranken, Zöllnern und Sündern begegnete er mit einer zuversichtlichen Grundhaltung. Er hoffte für sie. Natürlich, ich weiss auch: Jesus wurde von vielen nicht verstanden (oder nur zu gut verstanden!), und er starb am Kreuz. Die Botschaft von seiner Auferstehung sagt uns jedoch: Auch wenn Jesus gekreuzigt wurde, die Ernte seines Lebens war trotzdem mehr als hundertfach. Im Johannesevangelium findet sich das Christuswort:

> «Wenn das Weizenkorn nicht in die Erde fällt und stirbt, bleibt es allein; wenn es aber stirbt, bringt es viel Frucht.» (Joh 12,24)

Damit möchte ich meine Predigt schliessen. Betrachten wir nochmals die Lithografien Eugène Burnands, diesen Sämann, der so tatkräftig und zuversichtlich ist und uns einlädt, ebenfalls zuversichtlich zu sein trotz allen Schwierigkeiten.

> «[…] seht, das Reich Gottes ist mitten unter euch.» – «Es ging auf und wuchs. Und das eine trug dreissigfach, das andere sechzigfach, das dritte hundertfach.»

Das ist das Evangelium – die frohe Botschaft – Jesu Christi. Amen.

Juni 2019

Georges Einbeck: Der barmherzige Samaritaner

Text: Lk 10,25–37

«Der barmherzige Samaritaner» von Georges Einbeck (1871–1951), ein Temperabild aus dem Jahr 1938, ist für meine Frau und mich ein besonderes Bild. Es hängt in unserer Wohnung und ist ein Erbstück. Wir haben es liebgewonnen. Der Maler wohnte ab 1914 hauptsächlich in Luzern, wo mein Schwiegervater während des Zweiten Weltkriegs Pfarrer war. Georges Einbeck war ein Gemeindeglied. Der Pfarrer und der Künstler wurden Freunde. Georges Einbeck schenkte das Bild meinem Schwiegervater, und dieser hielt es Zeit seines Lebens in Ehren.

Wer war dieser Georges Einbeck? Er stammte aus einer Kleinstadt in Westpreussen zwischen Danzig und Thorn. (Heute ist jene Gegend als Folge der Weltkriege polnisch.) Georges Einbecks Eltern waren wohlhabende Gutsbesitzer. Um ihren Söhnen eine gute Ausbildung zu ermöglichen, zogen sie zuerst nach Berlin und dann nach Dresden, wo Georges das Gymnasium besuchte. Er wurde Kaufmann, sah sich aber immer stärker zur Kunst hingezogen. Früh fand er Anerkennung und wurde zur Teilnahme an bedeutenden Ausstellungen eingeladen. Wie andere junge Künstler zog es ihn nach Paris, wo er unter anderem Malstunden bei Henri Matisse nahm. Dieser ermutigte ihn, intensive und leuchtende Farben zu verwenden. (Matisse wird in Frankreich zu den so genannten «Fauves», d. h. den «Wilden», gezählt. Sein

Georges Einbeck (1871–1951): Der barmherzige Samaritaner (1938)

Gebrauch von reinen, ungebrochenen Farben war zu Beginn des 20. Jahrhunderts revolutionär.)

Kurz und gut: Georges Einbeck wurde schon in jungen Jahren in Deutschland und Frankreich bekannt und konnte vom Malen (und auch vom Fotografieren) leben. 1906 hat er Nordafrika bereist. Als Folge des Ersten Weltkriegs blieb er in der Schweiz – allerdings mit einem Ferienhaus an der französischen Riviera.

Einbeck verstand sich als Christ. In seinem Lebenswerk kommen Szenen aus der Bibel häufig vor. Besonders mit der Passionsgeschichte hat er sich oft auseinandergesetzt. Wie gesagt wurde: Seine «biblischen Bilder sind erfüllt von einer human-christlichen Religiosität».[1] Während diese Bilder vor allem unter dem Eindruck des Ersten Weltkriegs gelegentlich eher düster sind,

1 Theo Kneubühler: Georges Einbeck oder Die Idee des irdischen Paradieses, Luzern, 1976, S. 152. In der Folge abgekürzt mit «Kneubühler».

werden sie in den dreissiger Jahren des vergangenen Jahrhunderts immer heller. Das Bild, das uns heute vorliegt, ist ein gutes Beispiel dafür. Lassen Sie es mich kurz beschreiben.

Wenn man die Bibel kennt, ist der Inhalt offensichtlich. Es handelt sich um den Moment, als der barmherzige Samaritaner den Mann, der halbtot am Wegrand liegt, behutsam in die Arme nimmt. Er giesst Öl und Wein auf seine Wunden und verbindet sie. Und dann wird er ihn auf sein Reittier heben, das hinten links bereitsteht.

Anders als die meisten es wohl erwarten würden, sind die Farben intensiv: Rote und gelbe Blumen blühen vor einem satt-grünen Hintergrund, es ist Frühling geworden. Der Sattel des Reittiers ist im gleichen unvermischten Rot wie die Blumen gemalt, ebenso das Dach des Gasthauses im Hintergrund. Der Samaritaner wird seinen Schützling dort unterbringen und grosszügig für ihn bezahlen. Wo Barmherzigkeit und Liebe herrschen, wird unsere oft so freudlose und beängstigende Welt zum Paradies. Denken Sie an das zweite Kapitel im ersten Buch Mose:

> «Und der HERR, Gott, liess aus dem Erdboden allerlei Bäume wachsen, begehrenswert anzusehen und gut zu essen, und den Baum des Lebens mitten im Garten […].» (Gen 2,9)

Oder so wird Gottes neue Welt ganz am Ende der Bibel dargestellt:

> «Und er zeigte mir den Fluss mit dem Lebenswasser, der klar ist wie Kristall […]. In der Mitte zwischen der Strasse und dem Fluss, nach beiden Seiten hin, sind Bäume des Lebens, die zwölfmal Frucht tragen. Jeden Monat spenden sie ihre Früchte, und die Blätter der Bäume dienen zur Heilung der Völker. […] Keine Nacht wird mehr sein, und sie brauchen weder das Licht einer Lampe noch das Licht der Sonne. Denn Gott, der Herr, wird über ihnen leuchten […].» (Offb 22,1–5)

Ein Kunsthistoriker, der sich intensiv mit Georges Einbeck beschäftigte, schrieb über ihn ein Buch mit dem Titel: «Georges Einbeck oder Die Idee des irdischen Paradieses.» Ich denke, diese

Formulierung passt gut zum Bild, das uns heute vorliegt. «Das Paradies findet im Diesseits statt.»[2] Wo ein Mensch Barmherzigkeit und Liebe erfährt, muss er oder sie sich nicht mehr zurücksehnen nach dem urzeitlichen Paradies im Garten Eden. Er oder sie müssen sich aber auch nicht in eine weit entfernte Zukunft hinein voraussehnen – «O, wäre ich schon dort, wovon das letzte Buch der Bibel erzählt!» –, sondern das Paradies ist da, es ist zur gegenwärtigen Realität geworden. Mit dem ersten Johannesbrief:

> «Gott ist Liebe, und wer in der Liebe bleibt, bleibt in Gott und Gott bleibt in ihm.» (1Joh 4,16)

> «Gott ist gegenwärtig.
> Lasset uns anbeten […].
>
> Du durchdringest alles,
> lass dein schönstes Lichte,
> Herr, berühren mein Gesichte.
> Wie die zarten Blumen
> willig sich entfalten
> und der Sonne stillehalten,
> lass mich so
> still und froh
> deine Strahlen fassen
> und dich wirken lassen.»[3]

Die blühenden Blumen in Einbecks Bild haben mich zu diesem wunderschönen Zitat von Gerhard Tersteegen angeregt. Doch zurück zu Einbeck selbst! Über das wohl Allerwichtigste in seinem Bild habe ich nämlich fast noch nichts gesagt: Im Zentrum des Gemäldes – und es eindeutig dominierend – stehen die beiden menschlichen Gestalten, der Samaritaner, von einem purpurroten Gewand umhüllt (Purpur ist die Farbe der Liebe), der

---

2 Kneubühler, S. 132.

3 Gesangbuch der Evangelisch-reformierten Kirchen der deutschsprachigen Schweiz, Basel und Zürich 1998, Nr. 162,1 und 5.

sich in äusserster Hingabe dem, der unter die Räuber gefallen ist, zugewendet hat, und der zuletzt Genannte selbst in einer fahlen Farbe. Im Moment scheint er völlig leblos und entkräftet zu sein – wie ein Leichnam. Die Darstellung erinnert mich an Bilder mittelalterlicher Maler, auf denen Gott, der Vater, seinen vom Kreuz abgenommenen Sohn in den Armen hält. Gott selbst ist Barmherzigkeit und Liebe.

Mit dem Apostel Paulus im Römerbrief:

> «Er, der seinen eigenen Sohn nicht verschont, sondern für uns alle dahingegeben hat, wie sollte er uns mit ihm nicht alles schenken?» (Röm 8,32)

Als ich diese Predigt vorbereitete, habe ich viel über das Bild Georges Einbecks nachgedacht, und ich kam für mich zur Erkenntnis, dass in diesem Bild Allerzentralstes, worum es im christlichen Glauben grundsätzlich geht, wie in einer Nussschale zusammengefasst ist. Selbstverständlich, zunächst geht es um die bekannte Geschichte vom barmherzigen Samaritaner, die zeigt, was das Gebot «Liebe deinen Nächsten wie dich selbst» sagen will. So wie dieser Geschäftsreisende aus dem halbheidnischen Samaria sich benimmt: Ohne lang zu überlegen, tut er einfach das Richtige – ich stelle mir vor: beinahe unbewusst. Aber es geht offensichtlich um noch mehr: Das Bild Georges Einbecks stellt nicht nur ein vorbildliches moralisches Verhalten dar (das natürlich auch), sondern es hat zusätzlich eine viel tiefere Dimension: Es lässt uns ins Herz des biblischen Gottes blicken. Einbeck hatte eine «Vision»:[4] Der barmherzige Samaritaner ist Gottvater selber! Einbeck schrieb über sich selbst: Als Künstler male er, «was niemand sehen kann, sein Innerstes, seine Seele, sein Empfinden, seine Träume. Erst im Umwerten und Verschmelzen des Natureindruckes mit dem seelischen Erleben entsteh[e] wahre Kunst.»[5] Ich denke: Das

4 Kneubühler, S. 124.

5 Nach: A. a. O., S. 122. (Luzerner Tagblatt, 7. Juni 1919.)

Bild Georges Einbecks ist wahre Kunst. – An den Schluss sei aus dem Lukasevangelium der eigentliche Predigttext, das Gleichnis vom barmherzigen Samaritaner, gestellt:

> «Da stand ein Gesetzeslehrer auf und sagte, um ihn auf die Probe zu stellen: Meister, was muss ich tun, damit ich ewiges Leben erbe? Er sagte zu ihm: Was steht im Gesetz geschrieben? Was liest du da? Der antwortete: Du sollst den Herrn, deinen Gott, lieben mit deinem ganzen Herzen und mit deiner ganzen Seele und mit all deiner Kraft und mit deinem ganzen Verstand, und deinen Nächsten wie dich selbst. Er sagte zu ihm: Recht hast du; tu das, und du wirst leben. Der aber wollte sich rechtfertigen und sagte zu Jesus: Und wer ist mein Nächster? Jesus gab ihm zur Antwort: Ein Mensch ging von Jerusalem nach Jericho hinab und fiel unter die Räuber. Die zogen ihn aus, schlugen ihn nieder, machten sich davon und liessen ihn halb tot liegen. Zufällig kam ein Priester denselben Weg herab, sah ihn und ging vorüber. Auch ein Levit, der an den Ort kam, sah ihn und ging vorüber. Ein Samaritaner aber, der unterwegs war, kam vorbei, sah ihn und fühlte Mitleid. Und er ging zu ihm hin, goss Öl und Wein auf seine Wunden und verband sie ihm. Dann hob er ihn auf sein Reittier und brachte ihn in ein Wirtshaus und sorgte für ihn. Am andern Morgen zog er zwei Denare hervor und gab sie dem Wirt und sagte: Sorge für ihn! Und was du darüber hinaus aufwendest, werde ich dir erstatten, wenn ich wieder vorbeikomme. Wer von diesen dreien, meinst du, ist dem, der unter die Räuber fiel, der Nächste geworden? Der sagte: Derjenige, der ihm Barmherzigkeit erwiesen hat. Da sagte Jesus zu ihm: Geh auch du und handle ebenso.» (Lk 10,25–37)

Selig sind, die das Wort Gottes hören und bewahren. Amen

Oktober 2017

Der junge Picasso: Das Leben

Text: 1 Joh 4,7–21

Ich vermute, dass einige von Ihnen die Ausstellung «Der junge Picasso» im Beyeler-Museum in Riehen bei Basel in der ersten Hälfte des Jahres 2019 selbst besucht haben. Sie war ein Riesenerfolg. Von mir persönlich muss ich gestehen, dass ich zuerst gezögert habe, selbst hinzufahren. Der ältere meiner beiden Söhne regte mich dazu an, und nach anfänglicher Zurückhaltung («Ich habe ja schon viele Picasso-Ausstellungen gesehen!») liess ich mich mitnehmen. Und kaum war ich an einem Februar-Sonntag dort, war ich nur noch begeistert.

Die Ausstellungsmacher haben den Zeitraum stark begrenzt. Es ging buchstäblich um den ganz jungen Picasso. Die Ausstellung umfasst im Wesentlichen die Jahre 1901–1904. Picasso war zwanzig bis dreiundzwanzig Jahre alt. Es verhält sich mit ihm ähnlich wie mit Johann Sebastian Bach und Mozart. Sein Genie war einfach von Anfang an unbestreitbar da. Auch Bach komponierte eine seiner schönsten Kantaten, den so genannten Actus tragicus, bereits mit zweiundzwanzig Jahren. Ähnliches gilt von Mozart. Wie beide Komponisten war auch Picasso schon als Kind innerfamiliär unterrichtet und gefördert worden. Sein Vater war Kunsterzieher. Das erste Bild, das uns heute vorliegt, ist genial. Es ist ein Selbstbildnis des Zwanzigjährigen und strahlt ein gesundes Selbstbewusstsein aus. Der junge Künstler ist lebensfroh, er liebt die Farbigkeit.

Pablo Picasso (1881–1973): Ich, Picasso (1901)

Aber dann, im gleichen Jahr 1901, kippt alles um. Auf dem zweiten Bild erblicken Sie den gleichen Picasso, ebenfalls ein Selbstbildnis, in einem völlig anderen Geist. Die Welt ist blau geworden, und der junge Mann ist sichtlich gealtert. Es hängt dies offenbar damit zusammen, dass Picasso etwas sehr Belastendes erlebte. Einer seiner engsten Freunde, der Katalane Carlos Casagemas, hatte sich aus Liebeskummer das Leben genommen.

Pablo Picasso (1881–1973): Selbstbildnis (1901)

Picasso malte ihn, wie er aufgebahrt war. Für den jungen Künstler ging von da an ein Riss durch die Welt. Seine tiefe Erschütterung zeigt sich daran, dass von diesem Zeitpunkt an für die folgenden paar Jahre die Welt in blaues Licht getaucht war. Das leuchtende Rot, das wir im ersten der beiden Selbstbildnisse des jungen

Pablo Picasso (1881–1973): Casagemas im Sarg (1901)

Picasso kennenlernen konnten, ist gewissermassen über Nacht verschwunden. Picasso durchlief einen tiefgreifenden Umwandlungsprozess.

Und damit zum vierten und letzten Bild, das der eigentliche Anstoss für meine heutige Predigt war:

Nach meinem persönlichen Dafürhalten war es der Höhepunkt der Ausstellung in Basel. Es ist 1903 entstanden und hängt für

Pablo Picasso (1881–1973): Das Leben (1903)

gewöhnlich im Kunstmuseum in Cleveland, Ohio. Picasso war jetzt zweiundzwanzigjährig (und demnach genau gleich alt wie Johann Sebastian Bach mit seinem Actus tragicus!). Wenn ich mich nicht täusche, ist es ein absolutes Meisterwerk. Es trägt den Titel «Das Leben». Ich persönlich könnte es auch «Die Liebe» nennen.

Liebe ist in unserer deutschen Sprache ein vielschichtiges und vieldeutiges Wort. Das Bild des zweiundzwanzigjährigen Picasso, denke ich, kann uns helfen, das Wort Liebe in seiner Hintergründigkeit und Tiefe angemessener zu umschreiben. Es geht nicht einfach um Erotik, auch wenn diese selbstverständlich nicht ausgeschlossen ist. Es geht auch nicht einfach um Verliebtheit, obwohl auch diese beglückend sein kann, leider aber auch trügerisch. Picassos Freund Carlos Casagemas hatte sich nicht umsonst aus enttäuschter Verliebtheit das Leben genommen.

Wenn wir das Bild «Das Leben» des jungen Picasso betrachten, nehmen wir viele verschiedene Dimensionen der Liebe wahr. Liebe heisst hier: Ich kümmere mich um einen Menschen. Ich trage Sorge zu ihm. Ich nehme ihn zärtlich in meine Arme. Ich schütze und behüte ihn. In der Mitte des Bildes unten sehen wir eine Gestalt, der diese Erfahrung von Liebe offenbar fehlt. Sie ist tief traurig und zusammengeknickt. Aber sonst sind es Paare auf diesem Bild, zwei Freundinnen hinten in der Mitte, links ein Liebespaar und rechts eine Mutter, die ihr Kind behutsam auf den Armen trägt. (Der Mann links auf dem Bild ist übrigens eine Erinnerung an den verstorbenen Freund Carlos Casagemas.) Was mich an diesem Bild so besonders bewegt, ist die ungemeine Zartheit und Zärtlichkeit, auch die Verhaltenheit. Eine gewisse Melancholie liegt über dem Ganzen. Menschliche Liebe in all ihren Variationen ist nie vollkommen, sondern immer gebrochen und bedroht. «Glück und Glas, wie leicht bricht das!» Ich vermute, weitgehend unbewusst und intuitiv ist es dem jungen Picasso gelungen, darzustellen, was Liebe in der tiefsten Bedeutung dieses Worts bedeutet.

Ich weiss nicht, wie religiös Picasso im engeren Sinn gewesen ist. Natürlich, als Spanier war er im römischen Katholizismus aufgewachsen. Er kannte und bewunderte die spanische religiöse Kunst, besonders die Meisterwerke von Velasquez und El Greco, war tief von ihnen geprägt. Aber er war nicht ein Kirchenchrist, der die Messe besuchte und zur Beichte ging. Aus seinem Leben ist bekannt, dass er jedenfalls vorübergehend Sympathien für den Marxismus hatte, und im spanischen Bürgerkrieg stand er auf der Seite der Republikaner. Aber gerade deshalb fasziniert mich dieses Bild, weil ich denke, dass es unabhängig von der persönlichen Religiosität seines Urhebers, wenn ich so sagen darf, religiöser als viele explizit religiöse Kunst ist.

Predigttext ist das Kapitel über die Liebe aus dem ersten Johannesbrief, das im Satz «Gott ist Liebe» gipfelt. (1Joh 4,8 und 16) «Gott ist Liebe» ist hier gewissermassen eine Gottesdefinition – wenn man Gott definieren könnte! Worum es uns hier geht, lässt sich mit Picassos Bild genauer erfassen. Liebe ist offensichtlich mehr als ein Gefühl, sondern ein praktisches Verhalten. Rein auf der menschlichen Ebene kann man deshalb auch seine Feinde lieben – gemäss Jesu Forderung in der Bergpredigt.

Ein schönes Beispiel für Feindesliebe findet sich im leider viel zu wenig bekannten Alten Testament:

> «Wenn du dem verirrten Rind oder Esel deines Feindes begegnest, sollst du das Tier sogleich zu ihm zurückführen. Wenn du siehst, dass der Esel deines Gegners unter seiner Last zusammengebrochen ist, dann lass ihn nicht allein.» (Ex 23,4f.)

Das heisst, dass ich nicht romantische Gefühle für meinen Feind oder Gegner haben muss. Ich tue einfach, was nötig ist, das Selbstverständliche. Man kann ein Tier nicht leiden lassen, und es gehört seinem Besitzer, auch wenn ich mit ihm im Streit bin. Viel wichtiger ist aber, dass Picassos Bild uns hilft, den Satz «Gott ist Liebe» exakter zu verstehen. So ist der Gott des christlichen Glaubens: Er ist da für uns. Er begleitet uns. Er schützt uns. Er trägt uns zärtlich auf seinen Armen. Er sorgt für uns. Er drängt sich uns nicht auf. Er lässt uns gelten, lässt uns Freiheit.

Natürlich, wenn wir das Wort Liebe auf Gott anwenden, dann ist das ein Gleichnis. Denn der Gott des christlichen Glaubens ist mehr Liebe als alles, was wir unter diesem Stichwort aus unserem eigenen Leben kennen. Wenn wir selber lieben – oder auch wenn andere lieben –, dann ist das immer anfänger- und bruchstückhaft. Gerade dieser Aspekt, das Gebrochene und Bedrohte der menschlichen Liebe, wird bei Picasso deutlich. Als Menschen sind wir allerhöchstens auf dem Weg zur Liebe, auf einem Weg, auf dem wir häufig straucheln. Was das Wort Liebe meint, können wir aber am Vater Jesu entziffern. Zum Satz aus dem ersten Johannesbrief «Gott ist Liebe» gehört der andere Satz aus dem Johannesevangelium:

> «Denn so hat Gott die Welt geliebt, dass er den einzigen Sohn gab, damit jeder, der an ihn glaubt, nicht verloren gehe, sondern ewiges Leben habe.» (Joh 3,16)

Lassen wir das wunderbare Bild «Das Leben» des zweiundzwanzigjährigen Picasso auf uns wirken. Ich denke, so können auch wir liebevollere Menschen werden – und vielleicht ahnen wir auch etwas davon, was mit dem Satz «Gott ist Liebe» gemeint sein könnte. Amen.

September 2019

Hans Thomann: Ewiger Friede

Texte: Offb 14,13 und 1Thess 4,13–18

Das Kunstwerk, das ich an den Anfang meiner Predigt stelle, haben wohl fast alle in der Schweiz schon gesehen, jedenfalls, wenn sie gelegentlich im Auto auf der Strecke zwischen Zürich und Bern unterwegs sind. Kurz vor Bern, in der Nähe der Raststätte «Grauholz», blicken drei Vögel hoch oben auf den unter ihnen dahinfliessenden Verkehr. «Gleichheit, Freiheit und Brüderlichkeit, nicht mehr wissend, wohin sie nun fliegen sollen», hat der Künstler dazu geschrieben. Sein Name ist hingegen nicht allen Autofahrerinnen und -fahrern bekannt. Er heisst Hans Thomann, und jedenfalls in der Ostschweiz gehört er zu den tonangebenden Künstlern.[1] Geboren 1957 in Uzwil, lebt und arbeitet er in St. Gallen. Ausgebildet in dieser Stadt und in Salzburg, hat er viele Kunstpreise gewonnen und international an vielen Orten ausgestellt. Ich persönlich bin ihm dankbar dafür, dass er meinen Predigtband «Bei offenen Kirchenfenstern» illustriert hat. Bei Privaten und im öffentlichen Raum findet man viele Werke von ihm, unter anderem im Kantonsspital St. Gallen. In verschiedenen Kirchen – evangelisch-reformierten und römisch-katholischen – hat er zur Innenausstattung beigetragen. Etwa die schlichten und gerade deshalb überzeugenden Kerzenständer in der evangelischen Kirche St. Gallen-Rotmonten hat er entworfen.

---

1 Vgl. Frank Jehle: Bei offenen Kirchenfenstern. Predigten im Radio und and der Universität, Zürich 2008, S. 223.

*Hans Thomann (*1957): Gleichheit, Freiheit und Brüderlichkeit, nicht mehr wissend, wohin sie nun fliegen sollen, Autobahnbrücke Grauholz bei Bern (1998)*

Der eigentliche Anstoss für meine Predigt sind aber seine Beiträge zur Friedhofskunst. Wir alle wissen es: In unserer heutigen Gesellschaft, wo nicht mehr alle während ihres ganzen Lebens am selben Ort wohnen, wünschen viele für ihre eigene Bestattung und auch für diejenige ihrer Angehörigen ein Gemeinschaftsgrab. Wenn man als Sohn oder Tochter zum Beispiel in Genf wohnt, ist es schwierig, ein Einzelgrab (oder auch ein Familiengrab) in St. Gallen zu unterhalten. In einem solchen Fall ist ein Gemeinschaftsgrab auf einem öffentlichen Friedhof eine gute Lösung. Und überhaupt: Gemeinschaftsgräber sind eine bedenkenswerte Alternative zu einem übersteigert-individualistischen Totenkult. In den vergangenen zwei Jahrzehnten sind fast überall in der Schweiz Erinnerungsstätten dieser Art entstanden. Mehrfach stammte der Entwurf dazu von Hans Thomann.

Betrachten wir das entsprechende Beispiel auf dem Friedhof Feldli in St. Gallen und dasjenige in der St. Galler Vorortsgemeinde Mörschwil (vgl. auf den folgenden Seiten).

Beide Beispiele beeindrucken mich. Sie strahlen Ruhe und Gefasstheit aus, bieten Hoffnung auf Geborgenheit und Frieden.

> «Und ich hörte eine Stimme vom Himmel rufen: Schreib:
> Selig die Toten, die im Herrn sterben von jetzt an! Ja, spricht der Geist, sie sollen ausruhen von ihren Mühen, denn ihre Werke begleiten sie.»
> (Offb 14,13)

Diese wunderbare Stelle in der Offenbarung des Johannes kommt mir hier in den Sinn. Aus der Perspektive des christlichen Glaubens sind das Sterben und der Tod nicht ein fürchterlicher Albtraum.

Ich stelle mir vor: Für viele ist es ein mutmachender Gedanke, in einem Gemeinschaftsgrab beigesetzt zu werden. Manche Menschen geben aus nachvollziehbaren Gründen zwar einem Einzelgrab oder einem Familiengrab den Vorzug. Es kommt unter anderem darauf an, ob Hinterbliebene die Möglichkeit haben,

*Hans Thomann (*1957): Gemeinschaftsgrab, Friedhof Feldli, St. Gallen (1997)*

das Grab mit einer gewissen Regelmässigkeit zu besuchen und zu pflegen. Doch auch in einem Gemeinschaftsgrab wie auf dem Friedhof Feldli oder in Mörschwil findet ein Menschenleben einen würdigen Abschluss. Hans Thomann und andern Kunstschaffenden sind wir für die von ihnen gestalteten stillen Orte dankbar. Auch wenn wir in der Welt der Kunst Laien sind, ahnen wir mindestens etwas davon, wie viel Nachdenken, Kreativität und Arbeit hinter einem solchen Projekt steckt.

Als Predigttext habe ich neben dem eben zitierten Wort aus der Johannesoffenbarung einen Abschnitt aus dem ersten Brief des Apostels Paulus an die Gemeinde in Thessaloniki gewählt. Dieser Brief, über den selten gepredigt wird, ist auch sonst ein wichtiges Dokument. Nur nebenbei: Er ist das älteste Schriftstück aus dem Urchristentum, das erhalten geblieben ist, und entstand wohl im Jahr 49 unserer Zeitrechnung, also nicht einmal zwanzig Jahre nach dem Auftreten Jesu. Allein durch seine Existenz legt der erste Thessalonicherbrief Zeugnis davon ab, wie der christliche Glaube explosionsartig innerhalb von nur wenigen Jahren um

*Hans Thomann (*1957): Gemeinschaftsgrab, Friedhof Mörschwil (2014)*

sich griff. Thessaloniki, die Metropole von Mazedonien im Norden Griechenlands, war viele hundert Kilometer von Jerusalem entfernt. Und hier gab es also bereits im Jahr 49 eine blühende christliche Gemeinde.

Und so lautet der von mir ausgewählte Abschnitt:

> «Wir wollen euch, liebe Brüder und Schwestern, nicht im Ungewissen lassen über das Schicksal der Verstorbenen; ihr sollt nicht betrübt sein wie die anderen, die keine Hoffnung haben. Wenn wir nämlich glauben, dass Jesus gestorben und auferstanden ist, so wird Gott auch die Verstorbenen durch Jesus mit ihm zusammen heraufführen. Denn dies sagen wir euch aufgrund eines Wortes des Herrn: Wir, die wir leben, die wir bis zum Kommen des Herrn am Leben bleiben, werden den Verstorbenen nichts voraushaben. Denn der Herr selbst wird beim Erschallen des Befehlswortes, bei der Stimme des Erzengels und der Posaune Gottes vom Himmel herabsteigen. Und die, die in Christus gestorben sind, werden zuerst auferstehen, danach werden wir, die wir noch am Leben sind, mit ihnen zusammen hinweggerissen und auf Wolken emporgetragen werden in die Höhe, zur Begegnung mit

dem Herrn. Und so werden wir allezeit beim Herrn sein. So tröstet also einander mit diesen Worten.» (1Thess 4,13–18)

Zweierlei muss ich dazu ausführen: Erstens etwas zur damaligen Situation; und zweitens: Was kann dieser alte Text uns heutigen Menschen sagen?

Zum ersten Punkt: In den ersten christlichen Generationen glaubte man, dass das Weltende und die Wiederkunft Christi unmittelbar bevorständen. Man stellte sich das Kommen Jesu ganz realistisch-sinnlich auf den Wolken des Himmels vor. Viele glaubten, die Wiederkunft Christi noch in ihrer eigenen Gegenwart zu erleben. Und in diesem Zusammenhang war es nun für viele eine Anfechtung, wenn ein Glied der christlichen Gemeinde starb. Hatte es also umsonst auf Jesus Christus gewartet und gehofft? Um auf diese Frage einzugehen, entwirft der Apostel Paulus ein gewaltiges Gemälde: Jesus Christus selbst kommt unter Posaunenschall vom Himmel auf die Erde zurück. Die Gräber öffnen sich (genauso, wie Michelangelo es auf seinem Bild vom Jüngsten Gericht in der Sixtinischen Kapelle in Rom dargestellt hat). Und die verstorbenen Gemeindeglieder erhalten zusammen mit denjenigen, die noch am Leben sind, Anteil an Gottes neuer Welt, die Paulus sich in leuchtenden Farben vorstellt.

Das Entscheidende, das der Apostel Paulus der Gemeinde in Thessaloniki sagen will, besteht darin: Ihr müsst euch keine Sorgen machen. Alle Gemeindeglieder haben Anteil am neuen Himmel und an der neuen Erde. Auf den Zeitpunkt des Todes – etwas früher oder etwas später – kommt es nicht an.

Und damit bin ich bereits beim zweiten Punkt: Was kann dieser alte Text uns heutigen Menschen sagen? Meine Antwort lautet: Im buchstäblich-wörtlichen Sinn können wir das Endgeschehen uns heute nicht mehr so vorstellen wie die Menschen im ersten Jahrhundert (oder auch noch im Mittelalter und in der frühen Neuzeit). Die biblische Rede von Posaunenklängen und von Gräbern, die sich öffnen, und von Verstorbenen, die aus diesen Gräbern hervorkommen und zu neuem Leben erwachen, das sind heute für uns Bilder. Spätestens seit der russische Weltraumfahrer Gagarin im Jahr 1961 die Erde umkreiste und auf die Frage eines westlichen Journalisten, ob er im Weltall Gott gesehen habe, mit Nein antwortete (aber streng genommen schon viel früher – seit Kopernikus und Galilei), können wir nicht mehr wie der Apostel Paulus so anschaulich sprechen. Wir müssen zurückhaltendere Worte wählen. Entscheidend ist die vom naturwissenschaftlichen Weltbild unabhängige Grundaussage dieses Textes: Nichts – und deshalb auch der Tod nicht – kann uns von der göttlichen Liebe scheiden, nichts uns dem liebenden Gott entreissen.

Und damit zurück zu den von Hans Thomann (und auch von anderen) so eindrücklich entworfenen und gestalteten Gemeinschaftsgräbern! Ihre Atmosphäre will uns Trost und Geborgenheit vermitteln – und ich denke: sie kann es auch! Unsere Lieben, von denen wir Abschied nehmen mussten, ruhen in den geheimnisvollen und liebevollen Händen Gottes. Und auch wir werden darin ruhen. Realistisch wie der Apostel Paulus und auch noch Michelangelo in der Sixtinischen Kapelle können wir es uns nicht ausmalen. Aber wir müssen es auch nicht! Das Vertrauen in die Liebe Gottes ist genug. In dieser Liebe sind die Lebenden und die Toten zutiefst miteinander verbunden. Im Tod sind alle gleich. Sie bilden eine grosse, alle Generationen umspannende Gemeinschaft.

Ich wiederhole die Worte aus der Johannesoffenbarung, die ich schon vorhin zitierte:

> «Und ich hörte eine Stimme vom Himmel rufen: Schreib:
> Selig die Toten, die im Herrn sterben von jetzt an! Ja, spricht der Geist, sie sollen ausruhen von ihren Mühen, denn ihre Werke begleiten sie.»
> (Offb 14,13)

Daran können wir uns auch als so genannt «moderne» Menschen halten. Darüber dürfen wir uns freuen.

Zum Schluss noch einmal zu den drei Vögeln hoch über der Autobahn, mit denen ich die Predigt angefangen habe: Ich weiss nicht, ob Hans Thomann damit einverstanden wäre. Aber für mich machen die Vögel einen zufriedenen Eindruck. Sie stehen buchstäblich «darüber». Das Tosen der Autobahn bedrängt sie nicht. Könnten wir sie nicht als ein Gleichnis für den göttlichen und ewigen Frieden jenseits der Todesgrenze deuten? Amen.

März 2021

Themapredigten

Was wir dem Judentum zu verdanken haben

Text: Röm 9,1–5

«Was wir dem Judentum zu verdanken haben» – dieses Predigtthema hat für mich einen konkreten Anlass. Vielleicht kennen einige von Ihnen – oder mindestens haben Sie von ihm schon gehört – den jungen St. Galler Historiker Thomas Metzger, seit einiger Zeit Professor an der Pädagogischen Hochschule St. Gallen. Unter anderem ist er Co-Leiter der Fachstelle Demokratiebildung und Menschenrechte. Vor kurzem erschien in Berlin seine Dissertation «Antisemitismus im Deutschschweizer Protestantismus 1870 bis 1950» in der Reihe «Studien zum Antisemitismus in Europa». Ich habe das 650 Seiten starke, sorgfältig recherchierte Buch gelesen, und ich muss bekennen, dass es mich tief bewegt und auch traurig gemacht hat.

Minutiös ist dort gesammelt, was ein Teil unserer Vorfahren – und zwar oft Christen, die sich selbst als gläubig einstuften –, Schreckliches über die Juden und das Judentum gesagt und geschrieben haben. Bemerkenswert ist zum Beispiel das «Appenzeller Sonntagsblatt», eine fromme Familienzeitschrift, die bis vor wenigen Jahren in vielen reformierten Deutschschweizer Familien auf dem Stubentisch lag. Schier Unglaubliches konnte man bereits in den achtziger Jahren des 19. Jahrhunderts darin lesen. Ich bringe nur ein Beispiel. Ein damals sehr angesehener Schaffhauser Pfarrer (sein Name bleibe ungenannt) schrieb als regelmässiger redaktioneller Mitarbeiter:

> «[Weil] die Juden sich fühlen und immer fühlen werden als Volk und doch sich zerstreut sehen durch alle Länder der Welt, so werden sie allezeit instinktmässig hinarbeiten auf die Zerstörung der Eigentüm-

> lichkeit jedes Volkes, unter welchem sie wohnen, allermeist aber auf der Völker Entchristlichung. Sie zur Beteiligung an der Gesetzgebung und Regierung des Staates berechtigen, heisst ihnen zu dieser Untergrabungsarbeit die stärksten Werkzeuge liefern.»[1]

Dieser Pfarrer forderte, dass man «den Juden» in der Schweiz nur ein «Gastrecht» respektive «Fremdenrecht» und nicht das «Bürgerrecht» gewähren dürfe.[2] Und besonders dürfe man keine jüdischen Lehrer – etwa Universitätsprofessoren oder Gymnasiallehrer – und jüdische Richter wählen.[3]

Noch mehr hat mich betroffen gemacht, dass angesehene Theologieprofessoren (auch hier möchte ich keine Namen nennen) die Theorie vertraten, Judenverfolgungen und Judenmisshandlungen – im 19. Jahrhundert vor allem in Russland, im 20. Jahrhundert besonders in Deutschland – seien eine Strafe Gottes – wörtlich eine «Züchtigung»![4] –, «die Juden» hätten Jesus ja gekreuzigt! Was ist das für ein Gottesbild? Und gibt es denn eine jüdische Kollektivschuld?

Zum Glück gab es auch andere Stimmen, etwa diejenige des Theologen Adolf Keller, der in den dreissiger Jahren des letzten Jahrhunderts – wie man heute sagt – Generalsekretär des Schweizerischen Evangelischen Kirchenbunds war (ab Januar 2020: Evangelisch-reformierte Kirche Schweiz). Nach der so genannten «Reichskristallnacht» im November 1938, als in Deutschland «91 Juden ermordet und fast alle Synagogen sowie mehr als 7000 in jüdischem Besitz befindliche Geschäfte […] zerstört oder schwer

---

1 Nach: Thomas Metzger: Antisemitismus im Deutschschweizer Protestantismus 1870 bis 1950. = Studien zum Antisemitismus in Europa, Band 12, Berlin 2017, S. 183f.

2 A. a. O., S. 202.

3 A. a. O., S. 209.

4 A. a. O., S. 476.

beschädigt wurden»,[5] publizierte Adolf Keller zusammen mit dem Genfer Theologieprofessor Eugène Choisy, Präsident des Kirchenbunds, das folgende Gebet:

> «Herr unser Gott, wir tun Fürbitte für Dein Volk Israel, das Du aus der Mitte der Völker erwählt hast und in dessen Mitte unser Herr und Heiland geboren wurde. Erbarme Dich seiner Leiden! Höre auf seinen Notschrei! Tue Einhalt seiner Unterdrückung und Verfolgung! Befreie es von seinen Ängsten! Verleihe ihm Hilfe und Frieden, denn Du bist sein Gott und Vater, der es geschaffen und gerufen und nicht verworfen hat. Zeige uns, wie wir den Kindern der Verheissung helfen können. Wie wir mit ihnen die Bürde ihrer Leiden tragen können und dadurch den Willen unseres Herrn und Meisters erfüllen, der uns sagte, dass wir alles, was wir Einem seiner Brüder getan haben, Ihm getan haben.»[6]

Darüber dürfen wir uns auch heute freuen und es in unseren Herzen mitbeten.

Aus diesem Grund ist «Was wir dem Judentum zu verdanken haben» mein Predigtthema. Und zwar möchte ich einfach ein paar Denkanstösse geben, unsystematisch und provisorisch. Vier Punkte sind mir relativ spontan in den Sinn gekommen:

Erstens – es klingt vielleicht paradox: Während fast zweitausend Jahren waren die Juden im so genannt «christlichen» Europa die einzigen Menschen, die nicht einer Kirche angehörten und sich nicht zum Christentum bekannten. Und ich denke: Damit leisteten sie dem Christentum, ohne es zu wollen und ohne, dass die meisten Angehörigen des Christentums es merkten, einen wichtigen Dienst: Sie hielten die Erinnerung wach, dass der christliche Glaube keine Selbstverständlichkeit ist, etwas, das man einfach erbt und hat und über das man gar nicht mehr nach-

---

5 Nach: Frank Jehle: Lieber unangenehm laut als angenehm leise, Zürich ^{2}2002, S. 73.

6 Nach: Marianne Jehle-Wildberger: Adolf Keller, Zürich 2008, S. 428.

denken muss. Sondern: Der christliche Glaube, wenn er diesen Namen wirklich verdienen will, beruht auf einer persönlichen Entscheidung. Indem die Juden uns zeigen, dass es offensichtlich Mitmenschen gibt, die keine Christinnen oder Christen sind und die trotzdem ein Leben wie wir alle leben, wird der Entscheidungscharakter des christlichen Glaubens sichtbar. Man «muss» nicht an Jesus glauben.

Darüber müsste man natürlich diskutieren. Und doch lasse ich es mit diesem Denkanstoss jetzt einfach einmal bewenden und komme zum zweiten Punkt – wie ich denke, ein wohl einleuchtenderer Punkt: Den Juden verdanken wir die Hebräische Bibel, das in den christlichen Kirchen so genannte Alte Testament. Man hört zwar immer wieder Stimmen, die das Alte Testament in der Bibel streichen möchten. Man sagt dann etwa, manche der alttestamentlichen Texte seien doch zu grausam. Aber, auch zu diesem Punkt nur kurz: Ohne das Alte Testament würde uns Unentbehrliches fehlen! Da ich schon relativ oft zu diesem Thema gepredigt habe, für heute nur ein Beispiel: die auch heute allgemein bekannte Geschichte von Kain und Abel. Sie hält uns einen Spiegel vor. «Soll ich meines Bruders Hüter sein?» (Gen 4,9, Lutherbibel) Wie oft haben auch wir die gleiche Haltung wie Kain und versuchen so, uns aus der Verantwortung für die anderen zu stehlen? Das Alte Testament, das wir den Juden verdanken, hilft uns zur Besinnung. – Und doch noch ein zweites Beispiel: Das in der Jesustradition so zentrale Doppelgebot der Liebe – «Du sollst Gott lieben und deinen Nächsten wie dich selbst» – stammt ebenfalls, was von vielen Christinnen und Christen häufig übersehen wird, aus dem Alten Testament, aus den fünf Büchern Mose (Dtn 6,5 und Lev 19,18).

Doch lassen wir es dabei, und ich komme zum dritten Punkt: Völlig eindeutig ist, dass wir Jesus von Nazaret dem Judentum verdanken. Ohne Judentum wäre Jesus absolut nicht denkbar! Er wurde geboren als ein Jude, und er lebte und starb als ein Jude. Nicht umsonst stammen seine letzten Worte am Kreuz fast alle aus dem Alten Testament, von «Mein Gott, mein Gott, warum hast du mich verlassen» (Ps 22,2) bis zu «Vater, in deine Hände befehle ich meinen Geist» (Ps 31,5).

In den siebziger Jahren des letzten Jahrhunderts arbeitete ich als Religionslehrer an der Kantonsschule Sargans. Ich erinnere mich noch gut an eine fromme Absolventin des Lehrerinnen- und Lehrerseminars, die den Satz «Jesus war ein Jude» geradezu als Beleidigung empfand: Jesus sei doch keine Jude, sondern ein Christ gewesen! Aber das ist falsch. Historisch kann man Jesus vielleicht als so etwas wie einen jüdischen Reformator betrachten. Aber nie wäre ihm in den Sinn gekommen, den Glauben seiner Vorfahren zu verwerfen.

Erinnern wir uns noch einmal an das von Adolf Keller formulierte Gebet aus dem November 1938:

> «Herr unser Gott, wir tun Fürbitte für Dein Volk Israel, das Du aus der Mitte der Völker erwählt hast und in dessen Mitte unser Herr und Heiland geboren wurde.»

Besser kann man es nicht ausdrücken, und es ist verhängnisvoll, dass man in der Christenheit diesen Zusammenhang oft verdrängt hat.

Und – ganz provisorisch – noch ein vierter und letzter, aber sehr wichtiger Punkt: Das Judentum erinnert uns daran, und das ist ebenfalls ein bleibendes Geschenk, dass wir auch nach dem Kommen Jesu noch nicht am Ziel sind. Das Reich Gottes, der neue Himmel und die neue Erde, ist noch nicht angebrochen. In der theologischen Fachsprache spricht man hier vom «eschatologischen Vorbehalt»: Als Christinnen und Christen glauben wir zwar, dass wir in Jesus Christus mit Gott versöhnt sind, aber: Die Vollendung steht noch aus. Zusammen mit den Jüdinnen und Juden sitzen wir an diesem Punkt im gleichen Boot. Mit dem Apostel Paulus im 1. Korintherbrief:

> «Denn jetzt sehen wir alles in einem Spiegel, in rätselhafter Gestalt, dann aber von Angesicht zu Angesicht. Jetzt ist mein Erkennen Stückwerk, dann aber werde ich ganz erkennen, wie ich auch ganz erkannt worden bin.» (1Kor 13,12)

Oder im Philipperbrief:

> «Nicht, dass ich's schon ergriffen habe oder schon vollkommen sei; ich jage ihm aber nach, ob ich's auch ergreifen möchte [...].» (Phil 3,12, Lutherbibel)

Gerade diese Ausrichtung auf die Zukunft und die Relativierung der Gegenwart bindet das Christentum mit dem Judentum zusammen.

Mein eigentlicher Predigttext ist der Abschnitt – ebenfalls vom Apostel Paulus – Römer 9,1–5. Deutlich wird hier, wie zutiefst solidarisch der geborene Jude Paulus mit seinem eigenen Volk war. Besonders in den letzten Jahrzehnten ist dies der neutestamentlichen Wissenschaft immer deutlicher bewusst geworden: Nicht nur Jesus von Nazaret, sondern auch sein bedeutendster Apostel war und blieb bis zu seinem Tod ein Jude. Es wäre ihm nie in den Sinn gekommen, aus dem Judentum gewissermassen «auszutreten». Auch wenn er sehr eigenwillig war, anders als auf dem Hintergrund seines Judentums kann er nicht verstanden werden.

Aus diesem Predigttext hier nur das Wichtigste:

> Die Israeliten haben «das Recht der Kindschaft und die Herrlichkeit und die Bundesschlüsse und die Gabe des Gesetzes und die Gottesdienstordnung und die Verheissungen». (Röm 9,4) Und sie haben «die Väter». (Röm 9,5) Und der Christus stammt «seiner irdischen Herkunft nach» aus ihrer Mitte. (Ebenda)

In der Frage, ob Jesus von Nazaret der verheissene Messias des jüdischen Volks sei, hat der Jude Paulus mit manchen seiner jüdischen Brüder und Schwestern aufs Heftigste gestritten. Dass man als Mitglied einer christlichen Gemeinde dem Judentum gegenüber zu tiefer Dankbarkeit verpflichtet ist, war aber völlig eindeutig für ihn.

Hören wir ihn selbst:

> «[…] ich wünschte, selber verflucht und von Christus getrennt zu sein, anstelle meiner Brüder, die zum gleichen Volk gehören […].» (Röm 9,3)

Zurück zur Dissertation des St. Gallers Thomas Metzger: Die Angehörigen unserer Kirche, die teilweise so Schreckliches über die Juden sagten (und gelegentlich auch heute noch sagen), irrten (und irren) sich. Im Johannesevangelium steht nicht umsonst das behaltenswerte und tiefgründige Jesuswort:

> «Das Heil kommt von den Juden.» (Joh 4,22)

Amen.

Oktober 2018

Engel (Adventspredigt)

Texte: Ri 13,2–24 und Apg 5,17–29

Engel, Rauschgoldengel, Wachsengel (die in der Wärme schmelzen können), Lebkuchenengel (die man aufessen kann), Marzipanengel (ebenfalls), Engel von Raffael oder von Tizian usw. In der Advents- und Weihnachtszeit sind Engel auch heute noch sehr beliebt. Man findet sie meistens niedlich. Trotzdem, im Lauf der letzten zwei- oder dreihundert Jahre ist der Engelglaube in unserer Zivilisation als Folge der europäischen Aufklärung immer mehr an den Rand gerückt. Er wurde den Kindern und von den Jüngeren milde belächelten alten Frauen überlassen. Schon am Anfang des 19. Jahrhunderts erschienen theologische Lehrbücher, die das Thema nicht einmal mehr behandeln wollten. Die Engel wurden in die Folklore oder in die Esoterik abgedrängt. Und nur ganz ausnahmsweise – etwa bei Dichtern, die besonders sensibel sind – wurde in neuerer Zeit dann doch noch etwas zum Thema Engel gesagt.

Vielleicht kennen einige die Verse von Rilke aus seinen Duineser Elegien:

> «Jeder Engel ist schrecklich. Und dennoch, weh mir,
> ansing ich euch, fast tödliche Vögel der Seele,
> wissend um euch. Wohin sind die Tage Tobiae,
> da der Strahlendsten einer stand an der einfachen Haustür,
> zur Reise ein wenig verkleidet und schon nicht mehr furchtbar;
> (Jüngling dem Jüngling, wie er neugierig hinaussah).
> Träte der Erzengel jetzt, der gefährliche, hinter den Sternen

> eines Schrittes nur nieder und herwärts; hoch aufschlagend erschlüg' uns das eigene Herz. Wer seid ihr?»[1]

Der nicht einfache Text lässt uns in jedem Fall ahnen, dass für den so sensiblen Dichter Engel etwas anderes und mehr als beinahe nichtssagende Ornamente und Verzierungen waren, etwas anderes und mehr als Weihnachtsgebäck. Engel sind nach dem Verständnis des Dichters offenbar etwas Grosses und Heiliges, etwas, vor dem man zusammenschreckt, weil hier etwas Göttliches mitten in unsere Alltagswelt hereinbricht.

Nun, für meine heutige Predigt habe ich nicht die berühmte Erzählung von Mariä Verkündigung, sondern zwei nicht allzu bekannte biblische Geschichten ausgewählt, eine aus dem Alten und eine aus dem Neuen Testament. Zuerst eine kurze Zusammenfassung: Im Richterbuch ist von einer unfruchtbaren Frau die Rede. In der von männlichen Werten beherrschten altorientalischen Welt war Unfruchtbarkeit etwas Schreckliches für eine Frau, weil das Ansehen der Frauen in der Gesellschaft in erster Linie an der Zahl der Söhne gemessen wurde, welche sie geboren hatten. Unfruchtbare Frauen galten als Unglück. Ehemänner konnten sich jederzeit von ihnen scheiden lassen und sie dem Elend preisgeben. Und einer solchen Frau erscheint nun «der Engel des Herrn» (beziehungsweise «der Bote des Herrn»), wie es in der Bibel heisst, und verkündigt ihr, dass ihre Not in absehbarer Zeit ein Ende haben wird:

> Sieh, du bist unfruchtbar und hast nicht geboren, aber du wirst schwanger werden und einen Sohn gebären. […] der Knabe wird ein Gottgeweihter sein […], und er wird anfangen, Israel aus der Hand der Philister zu retten. (Ri 13,3–5)

Es geht hier also um eine grosse und heilvolle Wende im Leben einer Frau, von der nicht einmal der Name überliefert worden

---

1 Rainer Maria Rilke: Sämtliche Werke, Band 1, Frankfurt a. M. 1955, S. 685.

ist. Ich denke, dass wir bereits hier etwas von der Bedeutung des Wortes Engel in der Bibel spüren können: Engel sind ein Zeichen der Nähe Gottes, möchte ich formulieren. Engel sind ein Zeichen dafür, dass Gott das Leid unglücklicher Menschen sieht und ihre Not wenden will. Engel sind ein Zeichen dafür, dass Gott eine lebendige und nahe Realität und nicht einfach ein abstraktes und starres Prinzip ist.

Und genau gleich verhält es sich mit dem zweiten Text, diesmal aus dem Neuen Testament: Die Apostel in Jerusalem sind das Opfer einer Hetzkampagne gegen das junge Christentum geworden. Man verhaftete sie und setzte sie ins Gefängnis, wobei wir wissen müssen: Gefängnisse im Altertum waren nicht so komfortabel wie jedenfalls die meisten Gefängnisse heute in der Schweiz. Gefangenschaft bedeutete Lebensgefahr, da man der Willkür der Gefängnisbeamten völlig ausgeliefert war. Es gab kaum etwas zu essen. Und oft wurde man nur deshalb körperlich misshandelt, damit mit dieser Methode von den Angehörigen der Gefangenen Bestechungsgelder erpresst werden konnten.

Doch die Bibel erzählt:

> «Ein Engel des Herrn aber öffnete nachts die Tore des Gefängnisses, führte sie hinaus und sprach: Geht, tretet im Tempel auf und verkündigt dem Volk das volle Wort des Lebens!» (Apg 5,19f.)

Es ist dann vor allem der Apostel Petrus, der neue Standfestigkeit und neuen Mut bekommt. Unerschrocken legt er vor dem Hohen Rat ein persönliches Glaubensbekenntnis ab. Und in diesem Zusammenhang fällt ein wesentlicher und mit Recht bis zum heutigen Tag sehr berühmter Satz:

> «Man muss Gott mehr gehorchen als den Menschen.» (Apg 5,29)

Es ist ein Satz, der im Lauf der Jahrhunderte immer wieder zitiert worden ist, wo die Gefahr bestand, dass christliche Frauen und Männer aus Rücksicht auf politische Machtverhältnisse und aus Angst vor persönlichen Nachteilen es nicht mehr wagten, Widerstand zu leisten, wo dieser geboten war. Ich denke etwa an den Einsatz für jüdische Menschen in der Hitlerzeit.

«Man muss Gott mehr gehorchen als den Menschen.»

Hier in St. Gallen müssen wir den Polizeihauptmann Paul Grüninger erwähnen, der nach diesem Satz gehandelt und einen schweren Preis dafür bezahlt hat.

Zurück zu unseren Bibeltexten: Auch in der Geschichte aus dem Neuen Testament ist der Engel des Herrn ein Zeichen dafür, dass Gott lebendig ist und dass er Menschen in einer schier ausweglosen Lage zu Hilfe kommt. Kerkertüren gehen auf. Ein zu Recht zutiefst verängstigter Apostel bekommt neuen Mut. Es geschieht etwas Unvorhergesehenes, das genau wie im Fall der kinderlosen Frau im Alten Testament heilvoll ist. Ich denke, beide Texte können uns mindestens etwas davon ahnen lassen, was die Bibel damit sagen will, wenn sie den oder einen Engel des Herrn in einer Erzählung einführt.

Doch gibt es nun wirklich Engel, oder haben wir so genannt modernen Menschen nicht eben doch recht, wenn wir Engel nur noch im Märchen oder in der Dichtung oder als Schmuckstücke in der Advents- und Weihnachtszeit gelten lassen wollen? Gibt es wirklich Engel? Ich denke, dass uns beide Bibeltexte bei der Beantwortung dieser so oft gehörten Frage helfen können. Gibt es Engel? In beiden Texten ist mir aufgefallen, dass sie die Engel nicht beschreiben. In der Geschichte aus dem Neuen Testament ist der Engel nur knapp erwähnt. Er kommt und erfüllt seine ihm von Gott zugewiesene Aufgabe, und dann verschwindet er. Man weiss nicht, woher er kam, und nicht, wohin er geht. Man könnte ihn vielleicht am besten mit einem Blitz vergleichen. Er leuchtet ganz kurz auf. Es wird übrigens auch nichts von seinen Flügeln erzählt. Man kann ihn nicht anfassen, geschweige denn auf einem Bild festhalten. Und ähnlich verhält es sich in der grundsätzlich wesentlich ausführlicheren Geschichte aus dem Alten Testament. Der Engel kommt. Er bringt der unfruchtbaren Frau seine erfreuliche Botschaft, die ihrem Leben eine entscheidende Wende gibt.

Aber auch in dieser Geschichte wird der Engel nicht beschrieben. Sie sagt uns nicht, wie wir ihn uns vorstellen sollen. Der Engel hat auch keinen Namen.

> «Manoach sprach zum Boten des HERRN: Wie heisst du? Wenn dein Wort sich erfüllt, wollen wir dich ehren. Und der Bote des HERRN sprach zu ihm: Warum fragst du nach meinem Namen? Er ist wunderbar!» (Ri 13,17f.)

Der Engel nimmt auch keine Nahrung zu sich. Es ist eindeutig: Die Geschichte wehrt sich mit Händen und Füssen gegen eine materialistische Engelvorstellung, welche das göttliche Geheimnis dinghaft machen möchte.

Gibt es wirklich Engel? Könnte es nicht sein, dass wir so genannt modernen Menschen mit solchen zupackenden Fragen uns den Zugang zum mit dem Wort Engel Gemeinten geradezu verbauen? Wir wollen das Geheimnisvolle mit dem Verstand zergliedern. Wir beharren darauf, dass man uns alles rational erklärt. Und wenn man es uns nicht so erklären kann, dann ist es eben nichts. Gibt es Engel? Wenn wir auf die Frage mit Ja antworten, verwandeln wir das in der Bibel Gemeinte plötzlich in etwas Gegenständliches und Materielles. Und wenn wir auf die Frage mit Nein antworten, widersprechen wir der Erfahrung, dass manchmal eben wirklich unerwartete Umbrüche in einer Lebensgeschichte sich ereignen können. Unfruchtbare Frauen werden schwanger. Gefangene werden frei und fassen neuen Mut. In scheinbar ausweglosen Situationen kommt es zu einer Lösung. An Gott glauben bedeutet in der Praxis oft nichts anderes, als dass man sich für Unerwartetes und Neues öffnet.

Wie oft habe ich den Satz schon gehört und auch schon selbst gesagt: «Da kann man eben gar nichts machen! Das ist ein hoffnungsloser Fall! Denken wir am besten nicht mehr daran! Usw.» Die Resignation ist eine Krankheit, die oft dazu führt, dass dann in der Tat nichts Neues sich ereignet. Alles ist wie tot. Alle sind wie gelähmt. Die Geschichten in der Bibel, die von Engeln erzählen, kämpfen genau gegen eine solche Lähmung. Das, was unmöglich erschien, wird auf einmal wirklich. Auf diesem Hintergrund erübrigt es sich, über die Frage «Gibt es Engel?» zu diskutieren.

Ich schliesse meine Predigt mit einem Gedicht des deutschen Schriftstellers Rudolf Otto Wiemer, das uns durch die kommenden Tage zusammen mit den beiden biblischen Geschichten begleiten mag:

«Engel

Es müssen nicht Männer mit Flügeln sein,
die Engel.
Sie gehen leise, sie müssen nicht schrein,
oft sind sie alt und hässlich und klein,
die Engel.

Sie haben kein Schwert, kein weisses Gewand,
die Engel.
Vielleicht ist einer, der gibt dir die Hand,
oder er wohnt neben dir, Wand an Wand,
der Engel.

Dem Hungernden hat er das Brot gebracht,
der Engel.
Dem Kranken hat er das Bett gemacht,
und er hört, wenn du ihn rufst, in der Nacht,
der Engel.

Er steht im Weg und er sagt: Nein,
der Engel,
gross wie ein Pfahl und hart wie ein Stein –
es müssen nicht Männer mit Flügeln sein,
die Engel.»[2]

Dazu sage ich: Amen.

Dezember 2019

---

2 Rudolf Otto Wiemer: Der Augenblick ist noch nicht vorüber, Stuttgart 2001, S. 44 © Rudolf Otto Wiemer Erben, Hildesheim

König Herodes – zum Fest der unschuldigen Kindlein

Text: Mt 2,1–21

Auch diejenigen unter uns, die das Glück haben, eine wunderbare Weihnachtszeit zu erleben, kommen nicht umhin, sich trotzdem auch Sorgenfalten zu machen, wenn sie die Welt wahrnehmen, in der wir alle leben. Ich will jetzt nicht alles aufzählen. Sie und ich wissen es gut genug. Aber jedenfalls ein Merkmal der vergangenen Jahre ist augenfällig: Politiker (in der Regel sind sie männlich), die den demokratischen Vorstellungen widersprechen – Putin, Orban, Erdogan, Asad, Modi, Xi Jinping usw.

In diesem Zusammenhang rücke ich den König Herodes der Weihnachtsgeschichte im Matthäusevangelium in den Mittelpunkt. Denn er ist gewissermassen der Prototyp – oder sogar der Archetyp – eines Machtpolitikers, der allen demokratischen Idealen ins Gesicht schlägt.

Zur Vorbereitung meiner Predigt habe ich mich relativ intensiv mit Herodes befasst. Ich las die entsprechenden Abschnitte beim jüdischen Historiker Flavius Josephus, einem jüngeren Zeitgenossen des Apostels Paulus, und das Schauspiel «Herodes und Mariamne» des deutschen Dramatikers Friedrich Hebbel (mit zwei B!), der von 1813 bis 1863 lebte. (Einige von Ihnen erinnern sich wohl an Friedrich Hebbels Schauspiel «Maria Magdalena», das man im Deutschunterricht auch heute noch liest.)

Zu König Herodes selbst: Ich habe vorhin einige Namen von heute aufgezählt: Putin, Orban, Erdogan, Asad, Modi, Xi Jinping usw. Vielleicht erstaunt es Sie, wenn ich das Folgende sage: Herodes war der bessere Staatsmann als die meisten von ihnen. Als glänzender Diplomat war er in schwierigen politischen Verhandlungen erfolgreich und stellte sich gut mit dem Kaiser Augustus. Dieser liess ihn als römischen Stellvertreter über ein Gebiet herrschen, das fast so gross wie das Reich von König David im Alten Testament war. Kaiser Augustus hatte offenbar eine gute Meinung von Herodes. Und dieser regierte fast vier Jahrzehnte lang und starb im Jahr 4 vor unserer Zeitrechnung im für die damaligen Begriffe hohen Alter von ungefähr siebzig Jahren eines natürlichen Todes. (Nur nebenbei: Unsere Zeitrechnung, die aus dem Mittelalter stammt, ist also nicht ganz exakt. Der historische Jesus wurde einige Jahre vor Christus geboren!)

Wenn ich, was ich gelesen habe, zusammenfassen will: Jedenfalls in seiner Jugend muss Herodes ein attraktiver Mann gewesen sein, sportlich, mutig auf dem Schlachtfeld, auch ein Frauenheld. Während seiner Regierungszeit trat er als Bauherr prunkvoller Anlagen hervor. Unter anderem investierte er viel in den Tempel von Jerusalem, den er zu einem architektonischen Weltwunder machte. Herodes konnte grausam sein. Angebliche oder wirkliche Widersacher liess er brutal umbringen, auch eigene Söhne oder seinen Schwager. Aber – und das erstaunt Sie vielleicht – Herodes hatte eine soziale Ader. Als es wegen einer Dürre zu einer schlimmen Hungersnot kam, importierte er mit Mitteln aus seinem Privatvermögen riesige Mengen von Getreide aus dem fruchtbaren Ägypten und richtete – modern formuliert – Suppenküchen ein. Eine beeindruckende Leistung! In ökonomischer Hinsicht brachte er das Land voran.

Doch zum Negativen: Herodes war ein Parvenü. Er stammte nicht aus einem jüdischen Geschlecht, sondern seine Familie war zum Judentum konvertiert. Zeit seines Lebens war er deshalb – abermals modern formuliert – von einem Minderwertigkeitskomplex geprägt. Die Geschichtswissenschaft nimmt zwar an, dass die biblische Geschichte vom Kindermord in Betlehem unhistorisch ist. Plakativ zeigt sie aber (und aus diesem Grund ist sie in einem tieferen Sinn des Wortes trotzdem wahr), welche Panik es bei Herodes auslöst, wenn möglicherweise ein zukünftiger König aus der Familie Davids, des grössten und am meisten verehrten Königs im Alten Testament, geboren worden wäre. Dieser wäre dann nicht ein Parvenü und würde Herodes allein aufgrund seiner Abstammung übertreffen und bedrohen.

Ich habe das Schauspiel «Herodes und Mariamne» von Friedrich Hebbel erwähnt. (In Berlin wurde es vor wenigen Jahren in einer offenbar eindrücklichen Inszenierung erfolgreich wieder aufgeführt.) Auch die hier dargestellten Ereignisse sind nicht in einem buchstäblichen Sinn historisch. Aber «Si non e vero, e ben trovato (wenn es nicht wahr ist, ist es gut erfunden)»: Mariamne, Herodes Hauptfrau, muss sehr schön gewesen sein. Sie stammte aus dem altehrwürdigen Geschlecht der hasmonäischen Könige von Jerusalem. Unter anderem hatte Herodes sie geheiratet, um so eine höhere gesellschaftliche Stellung zu erreichen. Wie Friedrich Hebbel es darstellt, liebte Herodes Mariamne aber wirklich, und sie liebte ihn! Obwohl aus politischen Gründen geschlossen, war es eine Liebesehe. Herodes quälte sich aber mit dem Gedanken, wenn er aus einem Feldzug nicht mehr zurückkehre, werde Mariamne sich ein weiteres Mal vermählen. Es war dies für Herodes ein völlig unerträglicher Gedanke. Getrieben von Eifersucht, in die er sich ohne Grund immer mehr hineinsteigerte, hinterliess er den Befehl, wenn die Nachricht von seinem Tod auf dem Schlachtfeld in Jerusalem eintreffe, müsse Mariamne unverzüglich ebenfalls getötet werden.

Es kann nicht anders sein: Mariamne erfährt von diesem Befehl. Aus nachvollziehbaren Gründen ist sie empört. Sie sagt, sie liebe ihren Mann so innig, dass sie ohne ihn nicht hätte weiter leben wollen; wenn die Nachricht von seinem Tod in Jerusalem eingetroffen wäre, hätte sie sich selbst entleibt, um auch im Tod mit ihm verbunden zu sein. Aber jetzt liebe sie ihren Gatten nicht mehr.

«[...] Du hast in mir die Menschheit geschändet,
[...] Solch einen Frevel
Verdammt das ganze menschliche Geschlecht,
Verdammt das Schicksal [...],
[...] verdammst du selbst.»[1]

Das heisst, Herodes, der ja ein sensibler Mensch war und wie alle ein Gewissen hatte, wisse es im Grunde seines Herzens selbst, wie verwerflich dieser Befehl war.

Warum erzähle ich das? Die dichterisch gestaltete Episode ist psychologisch genial. Dieser erfolgreiche und mächtige Mann ist innerlich gespalten und gequält. Gemäss dem bereits genannten jüdischen Historiker Flavius Josephus ist er «ein höchst unglücklicher und bedauernswerter Mensch».[2] Er hat kein Grundvertrauen. Dass seine Frau ihn wirklich liebt, vermag er nicht zu glauben. Und in der biblischen Geschichte vom Kindermord in Betlehem: Mit Händen und Füssen möchte er sich an seiner Position festklammern. Dass nach ihm ein anderer regieren könnte, ist ein Albtraum. Ich frage dazu: Haben wir hier nicht einen psychologischen Schlüssel in der Hand, der auch das Verhalten einiger Staatsmänner heute deutet?

Sie fragen jetzt vielleicht: Was soll denn das in einer Predigt? Wo bleibt das Evangelium? Und damit komme ich endlich etwas ausführlicher zum Kindermord in Betlehem. Die uns allen seit unserer Kindheit nur allzu gut bekannte Geschichte hat zwei Facetten: Einerseits dokumentiert sie, was ich den Realismus der Bibel und des christlichen Glaubens nennen möchte. Wer im biblischen und christlichen Sinn des Wortes glaubt, ist nicht ein Vogel Strauss, der den Kopf vor den Problemen in den Sand

---

1 Friedrich Hebbels Werke. Herausgegeben von Dr. Chr. Christiansen. Hamburg, ohne Jahrgang, S. 305.

2 Des Flavius Josephus Jüdische Altertümer. Übersetzt und mit Einleitung und Anmerkungen versehen von Dr. Heinrich Clementz. Wiesbaden, ohne Jahrgang, S. 471.

steckt und die Welt in rosigeren Farben sieht, als sie wirklich ist. Und zu dieser Wirklichkeit gehört nun völlig eindeutig die Tatsache, dass in biblischer Perspektive der wichtigste Gegner Gottes in der Geschichte die staatlich-militärisch-wirtschaftlich organisierte Macht ist. In ihrer Machtfülle kommt sie der Schöpfermacht Gottes unter allen geschaffenen Dingen am nächsten. Die Selbstvergötzung des Menschen erreicht hier ihren Gipfel. Die gnadenlose Tötung der Kinder durch Herodes offenbart das Schreckliche und Tödliche einer staatlich-militärisch-wirtschaftlich organisierten Macht, die sich selbst absolut setzt und nichts Höheres über sich anerkennt. Der neugeborene Jesus ist nicht zu gering, um nicht gleich bei seiner Geburt verfolgt zu werden. Als Zeichen der angebrochenen Gottesherrschaft ist er offensichtlich zu gefährlich.

Aber eine andere Facette kommt dazu, und die ist wichtiger – und dies ist das Evangelium, die frohe Botschaft: So skrupellos und grausam König Herodes ist, er schafft es nicht, den kleinen Jesus auszulöschen. Maria, Josef und Jesus gelingt die Flucht. Jesus darf seine ersten Lebensjahre in Ägypten verbringen.

In diesem Zusammenhang möchte ich Sie an die Ihnen allen wohl bekannte Christuslegende von Selma Lagerlöf erinnern (die übrigens auch im Koran vorkommt!), in der der kleine Jesus sagt: «Palme, beuge dich; Palme, beuge dich!».[3]

> «Aber, was war das nur? Was war das? Die Palmenblätter rauschten, als wäre ein Orkan durch sie gefahren, und den langen Palmenstamm hinauf lief Schauer um Schauer. Und die Palme fühlte, dass der Kleine Macht über sie hatte. Sie konnte ihm nicht widerstehen.
>
> Und sie beugte sich mit ihrem hohen Stamme vor dem Kinde, wie Menschen sich vor Fürsten beugen. In einem gewaltigen Bogen senkte sie sich zur Erde und kam endlich so tief hinunter, dass die große Krone mit den bebenden Blättern über den Wüstensand fegte.

---

3 Selma Lagerlöf: Christuslegenden. Übersetzt von Francis Maro. München 1911, S. 80. Hier auch das folgende Zitat.

Das Kind schien weder erschrocken noch erstaunt zu sein, sondern mit einem Freudenrufe kam es und pflückte Traube um Traube aus der Krone der alten Palme.

Als das Kind genug genommen hatte und der Baum noch immer auf der Erde lag, ging es wieder heran und liebkoste ihn und sagte mit der holdesten Stimme:

‹Palme, erhebe dich, Palme, erhebe dich!›

Und der große Baum erhob sich still und ehrfürchtig auf seinem biegsamen Stamm, indes die Blätter gleich Harfen spielten.»

Seit ich ein Kind war, habe ich diese Christuslegende heiss geliebt. Und hier in St. Gallen hat sie der leider früh verstorbene katholische Theologe Josef Osterwalder in einem Gottesdienst in den siebziger Jahren in der Halden-Kirche vorgelesen. Alle hörten gebannt zu. Wie er mir erzählte, hätte man das Fallen einer Stecknadel auf den Boden gehört.

Das ist Evangelium: Das kleine Kind ist der mächtigen Palme überlegen.

Lasst uns jetzt Musik hören und über das Gesagte nachdenken. Das traditionelle Fest der unschuldigen Kindlein hat eine grosse und eine gute – eine mutmachende – Botschaft. Amen.

Dezember 2020

Ohne Frauen keine Kirche

Text: Röm 16

Über den Schluss des Römerbriefs des Apostels Paulus wird kaum je gepredigt. Eine Ausnahme ist es, wenn Pfarrerinnen oder Pfarrer, was heute selten ist, den Römerbrief in einer – in diesem Fall recht langen – Predigtreihe als Ganzes auslegen. (Pfarrer Lippuner im Linsebühl hat vor einiger Zeit über eine Auswahl von Texten aus dem Römerbrief gepredigt und in diesem Zusammenhang auch über den Schluss. Ich habe leider diese Predigt nicht gehört.) Aber sonst verhält es sich fast immer so: Man liest den Römerbrief, sei es für sich privat oder in einer Bibelstunde. Man staunt über so gewichtige Abschnitte wie in Kapitel 3 über die Rechtfertigung allein aus Glauben oder in Kapitel 8 die gewaltigen Aussagen über den Heiligen Geist und die wunderbare Stelle:

> «Denn ich bin mir gewiss: Weder Tod noch Leben, weder Engel noch Mächte, weder Gegenwärtiges noch Zukünftiges noch Gewalten, weder Hohes noch Tiefes noch irgendein anderes Geschöpf vermag uns zu scheiden von der Liebe Gottes, die in Christus Jesus ist, unserem Herrn.» (Röm 8,28f.)

Ich könnte auch noch andere Stellen nennen, etwa gleich am Anfang:

> «Denn ich schäme mich des Evangeliums nicht; eine Kraft Gottes ist es zur Rettung für jeden, der glaubt, für die Juden zuerst und auch für die Griechen.» (Röm 1,16)

Aber dann der Briefschluss! Die meisten, die in der Bibel lesen, halten diesen wohl für Beiwerk, das man überspringen kann. Ich denke, das ist schade. Denn gerade die Schlussbemerkungen des Römerbriefs sind ausgesprochen lehrreich. Zunächst machen sie uns bewusst, dass der Römerbrief nicht eine abstrakte Abhandlung, sondern ein wirklicher Brief ist, eine Gelegenheitsschrift. Wir erfahren unter anderem, wie er entstand. Paulus pflegte seine Briefe zu diktieren. In diesem Fall gibt sein Sekretär sogar seinen Namen bekannt und schickt auch selbst einen Gruss nach Rom. Er heisst Tertius. (Röm 16,22) Es ist dies ein lateinischer Name, und man kann vermuten, dass Tertius ein gebildeter Sklave gewesen war, den sein römischer Herr freigelassen hatte und ihm anlässlich seiner Freilassung einen neuen Namen gab. In Korinth, wo der Römerbrief im Jahr 56 unserer Zeitrechnung abgefasst wurde, hätte Tertius sich dann der von Paulus gegründeten Gemeinde angeschlossen und dem Apostel als Sekretär gedient.

Auch sonst lernen wir hier Namen kennen, die uns von der Gemeinde in Korinth viel verraten. Manche der genannten Personen kannte man offenbar auch in Rom. Und auch über die römische Gemeinde kann man hier viel erfahren: Jüdinnen und Juden sind darunter, die sich der christlichen Gemeinde angeschlossen haben, aber noch mehr so genannte Heidenchristen. Die meisten stammen aus Kleinasien, Mazedonien oder Griechenland. Die christliche Gemeinde in Rom, an die der Brief gerichtet ist, bestand «zu einem grossen Teil aus Zugereisten» aus dem Osten, weil Rom «solche Personen aufgrund von Handel, Handwerk und Verwaltung» anzog. «In die stadtrömische alteingesessene Gesellschaft» war das Christentum dagegen «im Allgemeinen noch nicht eingedrungen».[1]

Ein gutes Beispiel in unserem Predigttext ist das Ehepaar Priska und Aquila, römische Judenchristen. Als die Juden in Rom von Kaiser Claudius während einiger Zeit unterdrückt wurden,

---

1 Jürgen Becker: Paulus. Der Apostel der Völker, Tübingen 1989, S. 358.

hatten sie ihren Wohnsitz vorübergehend nach Korinth verlegt – und dann noch weiter in den Osten, nämlich nach Ephesus in der heutigen Türkei. Wie der Apostel Paulus waren sie Zeltmacher und gewährten ihm, der in Korinth in ihrem Haus sein Handwerk ausübte, «Kost und Logis».[2] Sie waren also eng nicht nur im Glauben, sondern auch beruflich und alltagspraktisch mit ihm verbunden. Nach ihrer Rückkehr nach Rom gründeten sie dort eine Hausgemeinde.

Und damit bin ich beim Thema, das ich für den heutigen Gottesdienst angegeben habe: «Ohne Frauen keine Kirche.» In unserem Predigttext fällt auf, dass Priska vor Aquila, ihrem Mann, genannt wird. Und wenn man die verschiedenen Angaben im Neuen Testament zusammennimmt, stösst man auf eine offensichtlich bedeutende Frau. Die Voranstellung ihres Namens vor demjenigen ihres Mannes zeigt ihre «besondere Rolle in der urchristlichen Mission». Sie ist nicht nur Ehefrau, sondern Katechetin (Apg 18,18) und «Mitbegründerin von Hausgemeinden»,[3] zuerst in Korinth und dann in Ephesus (Apg 18,19). Von beiden, Priska und Aqulia, schreibt der Apostel, sie seien seine «Mitarbeiter in Christus Jesus», die, um ihm das Leben zu retten, ihren Kopf hingehalten hätten; «nicht nur ich bin ihnen dankbar, sondern auch alle Gemeinden unter den Völkern». (Röm 16,3f.)

Priska also zuerst – und erst dann ihr Mann! Und überhaupt: In unserem Predigttext wimmelt es von Frauennamen, deshalb meine Formulierung: «Ohne Frauen keine Kirche!» Lassen Sie mich einfach einmal aufzählen: Zuerst kommt «unsere Schwester Phöbe, die Diakonin der Gemeinde von Kenchreä», eines der Hafenviertel von Korinth. Sie ist offenbar eine, wie wir vermuten dürfen, gut situierte Geschäftsfrau, die aus beruflichen Gründen

---

2 Neues Bibel-Lexikon, Lieferung 1, Zürich 1988, Sp. 142. Hier auch das folgende Zitat.

3 Neues Bibel-Lexikon, Lieferung 11, Zürich und Düsseldorf 1997, Sp. 172.

nach Rom reist und der Paulus den Römerbrief zum Transport anvertraut. Von ihr schreibt er:

> «Nehmt sie auf im Herrn, wie es sich für die Heiligen [damit sind alle Christen gemeint] geziemt, und steht ihr bei, wo immer sie eure Hilfe braucht. Denn sie hat sich ihrerseits für viele eingesetzt, auch für mich persönlich.» (Röm 16,2)

Erlauben Sie mir, an diesem Punkt etwas zu phantasieren. Der Ausdruck «Diakonin» dürfte anzeigen, dass sie in ihrem Haus einer Hausgemeinde vorstand, und ich denke, dass kein Grund besteht, nicht anzunehmen, dass sie in den Gottesdiensten auch das Wort zu ergreifen pflegte, gewissermassen predigte, und der Abendmahlsfeier vorstand. Der «heilige Kuss», der in unserem Text erwähnt wird – «Grüsst einander mit dem heiligen Kuss» – war wohl ein Bestandteil der Abendmahlsliturgie. Phöbe wäre also – modern formuliert – eine Pfarrerin gewesen, teilzeitlich und ehrenamtlich. Und offensichtlich unterstützte sie mit ihrem Vermögen nicht nur viele Gemeindeglieder, die auf Hilfe angewiesen waren, sondern auch den Apostel Paulus.

Phöbe wäre nach meinem Dafürhalten Stoff für einen historischen Roman oder mindestens für eine historische Novelle, eine bemerkenswert emanzipierte Frau – von einem Ehemann ist bei ihr nicht die Rede –, die ein selbstbestimmtes Leben führt und in der urchristlichen Gemeinde von Korinth eine Schlüsselstelle einnimmt.

Andere Frauennamen lauten: «Maria, die viel für euch getan hat» (Röm 16,6). Sie lebt jetzt in Rom, der Apostel Paulus hat sie aber offenbar in einer früheren Lebensphase persönlich kennenlernen können, sonst würde er sie ja nicht grüssen. «Tryphaina und Tryphosa» und «die liebe Persis». Von dieser heisst es, dass sie für den Herrn «viel geleistet» habe. (Röm 16,12) Die Mutter des Rufus (leider erfahren wir ihren Namen nicht), die auch Paulus eine Mutter geworden sei. (Röm 16,13) Julia und die Schwester des Nereus. (Röm 16,15)

Eine Frau möchte ich noch besonders herausgreifen:

> «Grüsst Andronikus und Junia, meine Landsleute, die meine Gefangenschaft geteilt haben. Sie sind angesehen unter den Aposteln und haben schon vor mir zu Christus gehört.» (Röm 16,7)

Wenn Sie eine ältere Bibelausgabe zu Hause haben, finden Sie diesen Vers so nicht. Etwa in der Zürcher Bibel von 1931 steht:

> «Grüsst Andronikus und Junias, meine Volksgenossen und meine Mitgefangenen, die rühmlich bekannt sind unter den Aposteln usw.»

In der Lutherbibel noch von 1984 steht es ebenso. Dazu ist es so gekommen: Während es in den ersten Jahrhunderten der Christentumsgeschichte selbstverständlich war, dass Junia eine Frau ist – im Altertum war es ein gängiger Frauenname –,[4] bekamen die Theologen des Mittelalters auf einmal Bedenken: Kann das richtig sein? Kann eine Frau zu den Aposteln gerechnet werden? Und völlig ungeniert erfand man nun den bis dahin nicht bekannten Männernamen «Junias»! Eine offensichtlich bedeutende frühchristliche Frau verschwand so in der Versenkung. Die Erinnerung an sie wurde radikal ausgelöscht. Und es dauerte bis fast in unsere Gegenwart – und brauchte dazu unter anderem auch die feministische Theologie, bis die historische Wahrheit – Junia ist wirklich eine Frau! – sich endlich durchgesetzt hat. Die heutige Zürcher Bibel von 2007 ist ein schöner Beleg dafür.

Ist das nicht geradezu aufregend? Sowohl in der römischen Gemeinde als auch in Korinth – und natürlich auch anderswo, man denke an die Purpurhändlerin Lydia, von der die Apostelgeschichte Eindrückliches erzählt (Apg 16) – waren die Frauen viel wichtiger, als man es während über tausend Jahren wahrnahm.

---

4 Vgl. Adolf von Harnack: Die Mission und Ausbreitung des Christentums in den ersten drei Jahrhunderten. Leipzig [4]1924, S. 592, Anmerkung 1.

Und überhaupt: Das Gewimmel von Namen – auch von männlichen Namen – im letzten Kapitel des Römerbriefs zeigt uns eine Kirche, in der es streng genommen keine Passivmitglieder gibt. Es ist eine «Beteiligungskirche», um einen erst in den letzten Jahren neu aufgekommenen Begriff in der Praktischen Theologie zu verwenden. Es gab Wandermissionare und Wandermissionarinnen – auf Griechisch nannte man sie Apostel und Apostelinnen –, die das Evangelium verbreiteten. Andronikus und Junia gehörten dazu. Es gab wohlhabende Gemeindeglieder – Männer und Frauen –, die ihr Haus für Gottesdienste zur Verfügung stellten. Die Diakonin Phöbe von Kenchreä habe ich schon vorgestellt. Ich muss jetzt aber noch auf den am Schluss unseres Textes erwähnten Mann mit dem Namen Gaius hinweisen, den Paulus mit den Worten beschreibt, er sei der, «der mich und die ganze Gemeinde beherbergt». (Röm 16,23) Wenn man verschiedene Stellen im Neuen Testament zusammensucht, war er einer der wenigen Korinther, die von Paulus persönlich getauft wurden (1Kor 1,14), ihm also besonders nahestanden. Er wohnte neben der Synagoge in Korinth, hiess mit vollem römischem Namen Gaius Titus Justus, war offenbar vermögend und gastfreundlich und bot sein Haus als Herberge für durchreisende Christinnen und Christen an.[5] In seinem Haus fanden wohl auch Gemeindeversammlungen statt.

Und so weiter und so fort! Das damalige Christentum war ein grosses Netzwerk. Je länger ich über das letzte Kapitel des Römerbriefs nachdenke, desto wichtiger wird es für mich. Und unversehens finde ich darin nicht nur historische Informationen – das natürlich auch, und ich finde sie interessant –, sondern ich höre daraus eine Botschaft, die gerade heute wichtig, wenn nicht sogar brisant ist.

Wir alle wissen es: Sowohl die evangelisch-reformierte Kirche als auch ihre katholische Schwesterkirche stehen heute vor grossen Problemen. Die Mitgliederzahlen gehen zurück, und die

5 Neues Bibel-Lexikon, Lieferung 5, Zürich 1991, Sp. 723.

Gottesdienste werden gelegentlich nur noch von einem kleinen Häuflein besucht. Als Stellvertreter bin ich zum Beispiel schon in Landgemeinden im St. Galler Rheintal für den Sonntagsgottesdienst eingesprungen, und nur sechs oder sieben Gottesdienstbesucherinnen und -besucher tauchten auf. Zusammen mit der Mesnerin oder dem Mesner, der Organistin oder dem Organisten waren wir in diesem Fall zu neunt oder zu zehnt!

Natürlich, auch in einem solchen Fall gilt das verheissungsvolle Christuswort:

> «Denn wo zwei oder drei in meinem Namen versammelt sind, da bin ich mitten unter ihnen.» (Mt 18,20)

Daran dürfen wir uns halten. Und für mich persönlich denke ich, dass ich mir bei der Predigtvorbereitung nicht weniger Mühe geben soll, wenn nur wenige zu erwarten sind. Jedes einzelne Gemeindeglied zählt und hat das Recht auf eine Predigt, die sorgfältig ausgearbeitet ist. Wenn wir über das letzte Kapitel des Römerbriefs nachdenken und über die dort aufgezählten Frauen und Männer meditieren, für die übrigens gilt, dass das Sich-zu-Jesus-Christus-Bekennen damals nicht ungefährlich war, einige haben das Martyrium erlitten, dann erscheint mir der Schluss unausweichlich: Nicht nur die beamteten Gemeindeglieder – Pfarrerinnen und Pfarrer, diakonische und kirchenmusikalische Mitarbeiterinnen und Mitarbeiter usw. – sind «die Kirche», sondern buchstäblich alle! Jede und jeder ist gefragt. Jede und jeder wird gebraucht, wobei die Aufgaben unterschiedlich sind. Ich kann das jetzt nicht ausführen. In einem Kommentar über den Römerbrief des Neutestamentlers Ernst Käsemann, bei dem ich vor bald sechzig Jahren in Tübingen studierte, habe ich einen Satz gefunden, mit dem ich diese Predigt schliessen will:

> «[Man bedenke die Anschauung des Apostels Paulus], nach welcher jeder Christ [und jede Christin] offiziell von seinem Herrn in Pflicht genommen [und] mit einem spezifischen Dienst betraut wurde und

diesen in der Gemeinde wie ihr gegenüber unvertretbar wahrzunehmen hat.»[6]

Hier kann ich nur noch sagen: Amen.

Oktober 2019

6 Ernst Käsemann: An die Römer, Tübingen 1973, S. 391.

Viermal zum Reformationsjubiläum

Allein die Gnade

Text: 1Kor 15,9f.

«Allein die Gnade», «sola gratia». «Durch Gottes Gnade aber bin ich, was ich bin.» So der Apostel Paulus im ersten Korintherbrief. Bevor ich darauf eingehe, etwas anderes: Im Jahr 2017 und auch noch 2018 feiert die protestantische Welt zwölf Monate lang das Reformationsjubiläum, daher Predigten über die vier Grundsätze: «Allein die Gnade», «Allein die Schrift», «Allein Jesus Christus» und «Allein durch den Glauben». Ich halte es für richtig, dieses Jubiläum zu begehen. Es leitet uns dazu an, uns über das Grundsätzliche und Bleibende unseres Glaubens zu besinnen. Was ich gelegentlich über das Reformationsjubiläum lese oder höre, macht mir aber auch Stirnrunzeln. Manchmal – wenn glücklicherweise auch nicht immer – schwingt protestantische Selbstgerechtigkeit mit. «Gott sei Dank, dass wir nicht katholisch sind!» So geht es selbstverständlich nicht. Es gibt genug beeindruckende Christinnen und Christen in der römisch-katholischen Kirche. Und in unserer eigenen gibt es ja auch deutliche und weniger deutliche Schwachstellen, über die ich heute allerdings schweigen will.

Behaltenswertes habe ich in Predigten des jungen Karl Barth gefunden, der ab 1911 Pfarrer in Safenwil im Kanton Aargau war. Am Reformationssonntag 1911 – kaum war er als blutjunger Pfarrer (25-jährig) eingesetzt worden –, sagte er in seiner Predigt:

> «Nicht darauf können wir es bei dieser Gedächtnisfeier abgesehen haben, in unseren Gedanken und Worten Krieg zu führen gegen

> Andersdenkende, gegen unsere Mitchristen von der römisch-katholischen Kirche.»[1]

Die Glocken in einem katholischen Nachbardorf seien «uns übers Tal und die Grenze hinüber» ein Zeichen dafür, dass «auch dort Gott gesucht und gefunden» werde. Und in einer Predigt nach Ausbruch des Ersten Weltkriegs im Sommer 1914 lobte er den Aufruf von Papst Pius X. zum Gebet für den Weltfrieden als einen «Lichtblick», wörtlich:

> «[Es] war die Stimme eines Kindes im Gewitter, so macht- und erfolglos, und doch leider der einzige Lichtpunkt: doch eine Stimme wenigstens, die nicht die Stimme eines Kämpfers war, die von einem Standort über den Parteien auf etwas Höheres hinwies.»[2]

Dazu muss man wissen, dass besonders in Deutschland einige protestantische Kirchenführer – und in Frankreich der Erzbischof von Paris – sich für den Krieg ausgesprochen hatten.

Zurück zum Thema «Allein die Gnade», «sola gratia». In meinen Predigten zu den drei anderen der vier Grundsätze der Reformation «Allein die Schrift», «Allein Jesus Christus» und «Allein durch den Glauben» werde ich teilweise etwas anderes sagen müssen. Bei «Allein die Gnade» darf ich aber sagen, dass dieser Grundsatz genau genommen zwischen den Konfessionen nicht kontrovers ist. Auch die beiden bedeutendsten lateinisch schreibenden Theologen der römisch-katholischen Kirche, Augustinus und Thomas von Aquin, haben das Gleiche gesagt. Und lassen Sie mich – es ist dies der Schwerpunkt der heutigen Predigt – von Katharina von Siena erzählen, einer der grössten Frauen des Spätmittelalters. In Rom wurde sie heiliggesprochen, also offiziell anerkannt. Seit 1866 gilt sie innerhalb der katholischen Kirche als

---

1 Karl Barth: Predigten 1911, Zürich 2015, S. 361. Hier auch das folgende Zitat.

2 Karl Barth: Predigten 1914, Zürich 1974, S. 436f.

die Schutzpatronin Roms, seit 1933 als die Patronin von ganz Italien. Im Jahr 1971 hat Papst Paul VI. sie zusammen mit Therese von Avila sogar zur Kirchenlehrerin ernannt – ein Ehrentitel, der vorher ausschliesslich für Männer verwendet worden war.

Ich muss mich natürlich kurz fassen. Katharina lebte 1347–1380. Sie war Mitglied des dritten Ordens des heiligen Dominikus. Berühmt ist sie unter anderem darum, weil sie es sogar wagte, Päpste zur Ordnung zu rufen. Dem damals in Avignon residierenden Papst schrieb sie:

> «Ich, an Eurer Stelle, befürchtete, dass das göttliche Gericht über mich käme. Und darum bitte ich Euch flehentlich im Namen Christi des Gekreuzigten, dem Willen Gottes gehorsam zu sein. Handelt so, dass ich nicht bei Christus dem Gekreuzigten Beschwerde gegen Euch einlegen muss.»[3]

Als sie persönlich vor diesem Papst stand, sagte sie:

> «Ich bekenne furchtlos, da es um die Ehre des allmächtigen Gottes geht, dass die Sünden des Päpstlichen Hofes [von Avignon] bis nach Siena stinken, von wo ich herkomme, und mir noch dort mehr Ekel einjagen als den Leuten hier, die sich mit ihnen besudelt haben […].» – «Einen anderen Wunsch kenne ich in diesem Leben nicht, als die Ehre Gottes, Euren [des Papstes] Frieden und die Erneuerung der heiligen Kirche zu erleben.»

Es war dies eine Art Reformation vor der Reformation. Doch zurück zu «allein die Gnade»: Katharina, deren Lebensgeschichte ich jetzt nicht ausbreiten kann, wirkte auch als Krankenpflegerin und Seelsorgerin. Sie war visionär veranlagt, und in einer Christusvision sagte ihr dieser, es sei falsch, sich von der Welt zurückzuziehen und nur dem Gebet zu leben.

---

3 Nach: Frank Jehle: Grosse Frauen der Christenheit, Freiburg (Schweiz) 1998, S. 58. Hier auch die folgenden Zitate.

> «Du sollst nicht nur dir selber nützlich sein, nein, auch den anderen, auch dafür gebe ich dir ja meine Gnade. Ich will dich doch nicht von mir wegschicken; im Gegenteil, die Liebe für die Menschen wird dich noch fester an mich binden! Dies ist meine Absicht: du weisst, ich habe zwei Gebote der Liebe gegeben, ihr müsst mich und euren Nächsten lieben. […] Ich will, dass du die Gerechtigkeit beider Gebote erfüllst. Du sollst nicht auf einem Fuss daher hinken, du sollst mit beiden Füssen ausschreiten.»[4]

Ein rasanter Text! Als Seelsorgerin begleitete sie einen zum Tod verurteilten Verbrecher zum Schafott. Und nach dessen Hinrichtung sah sie in einer Vision Christus selbst, wie er den Verstorbenen bei sich aufnimmt:

> «Darauf erschien der Gottmensch wie die helllichte Sonne. Er öffnete seine [Seitenwunde] und nahm [das Blut des Hingerichteten] zu seinem Blut: den Funken, den er aus Gnade in seine Seele gegeben und dort verborgen hatte, nahm er in das Feuer der Gottesliebe auf. Und wie er dessen Blut und Verlangen aufnahm, so nahm er auch seine Seele und schloss sie in die offene Kammer seiner Seite, voll von Barmherzigkeit. So offenbarte er die Grundwahrheit: dass er ihn allein aus Gnade und Barmherzigkeit empfing und nicht ob irgendeines anderen Werkes. O, wie süss und unaussprechlich war es, die Güte Gottes wahrzunehmen, die mit so grosser Zuneigung und Liebe der aus dem Leibe geschiedenen Seele harrte und das Auge der Barmherzigkeit ihr zuwandte […].»[5]

Die Stelle zeigt, dass man sich den Gegensatz zwischen Rom und den aus der Reformation hervorgegangenen Kirchen oft zu unversöhnlich vorstellt. «Allein aus Gnade» ist nicht nur lutherisch (und reformiert), sondern auch, wenn man so sagen will, «gut katholisch».

Martin Luther schrieb an einen seiner Mitbrüder:

---

4 Nach: A. a. O., S. 71f.
5 Nach: A. a. O., S. 69f.

«[…] lerne Christus kennen, und zwar den Gekreuzigten. Lerne, ihm zu lobsingen und – mitten aus der Verzweiflung über Dich selbst heraus – zu ihm zu sprechen: ‹Du, Herr Jesus, bist meine Gerechtigkeit, ich aber bin deine Sünde; du hast das Meine angenommen und mir das Deine geschenkt […].›»[6]

Katharina sieht, wie der von ihr zur Hinrichtung Begleitete in die Seitenwunde Christi aufgenommen wird und braucht die von Luther oft gebrauchte Wendung «allein aus Gnade». In einer anderen Vision hörte sie die «ewige Wahrheit» (d. h. Gott) zu ihr sagen:

«Blicke auf jene, die über die Brücke des gekreuzigten Christus gehen.»[7]

Diese werden erlöst! Das Wesentliche des christlichen Glaubens – der gekreuzigte Christus selbst – ist bei Katharina und Luther derselbe.

Zu einer weiteren – für heute letzten – Christusvision Katharinas: In ihren Anfangsjahren war sie noch eine Befürworterin des Kreuzzugsgedankens. Sie meinte, es sei nötig, mit kriegerischen Mitteln das Heilige Grab in Jerusalem von den Ungläubigen zu befreien. In ihrer reifen Zeit sah sie dies neu und anders. In einer Vision erblickte sie, wie «das christliche Volk und das ungläubige [gemeinsam] in die Seite des gekreuzigten Christus»[8] eingingen. Ihr ursprüngliches Eintreten für einen Kreuzzug nahm sie mit dieser Vision zurück. Ihr sehnlichster Wunsch war, dass sie «in jeder vernunftbegabten Kreatur das Leben der Gnade» finde. Es sollte niemand verloren gehen, sondern alle die

---

6 Nach: Heinrich Fausel: D. Martin Luther. Leben und Werk 1483 bis 1521, München/Hamburg 1966, S. 68.

7 Nach: Frank Jehle: Grosse Frauen der Christenheit, Freiburg (Schweiz) 1998, S. 70.

8 Nach: A. a. O., S. 73. Hier auch das folgende Zitat.

Erlösung erlangen, die in Jesus Christus begründet ist. Katharina hat die so genannte «Allversöhnung» (d. h., alle Menschen werden erlöst) zwar nicht gelehrt, wohl aber darauf gehofft, weil sie zutiefst von der göttlichen Liebe und Barmherzigkeit geprägt war. Bildhaft formuliert: Sie hoffte und träumte davon, dass die «Hölle» leer sei.

Ich komme zum Schluss. «Aus Gottes Gnade aber bin ich, was ich bin.» Mit diesem Satz des Apostels Paulus habe ich die Predigt zum Thema «Allein die Gnade», «sola gratia» angefangen, und in der Schriftlesung hörten wir den biblischen Zusammenhang, aus dem er stammt, 1. Kor. 15, wo Paulus von seiner Bekehrung erzählt, aus einem Christenverfolger wurde ein Apostel Jesu Christi. Im Mittelpunkt der Predigt stand die katholische Heilige Katharina von Siena, an der wir uns das Wichtige bewusst machen können: Die Schnittmenge zwischen der römisch-katholischen Kirche und den evangelischen Kirchen ist genau genommen viel grösser, als man häufig annimmt. Wir begehen das Reformationsjubiläum nur dann angemessen, wenn wir es nicht in einer antikatholischen Haltung feiern. Amen.

Januar 2018

Allein die Schrift

Text: Jer 36

Im Rahmen einer Reihe über die vier Grundsätze der Reformation «Allein die Gnade», «Allein die Schrift», «Allein Jesus Christus», «Allein durch den Glauben» habe ich zuerst eine Predigt über «Allein die Gnade» gehalten. Für mich war es ein schönes und wichtiges Thema. «Allein die Gnade», ist das nicht eine bleibende Losung in einer Zeit, in der viele unter einem grossen Leistungsdruck stehen und sich oft überfordert vorkommen? Und für viele älter gewordene Menschen ist es ebenfalls schwer, erfahren zu müssen, dass sie nicht mehr so leistungsfähig sind wie früher. Für Junge und Alte gilt: Gott bietet sich dir und mir gratis an! Von ihm dürfen wir uns beschenken lassen. Seien wir dafür dankbar!

Meine heutige Predigt über «Allein die Schrift» ist mir bei der Vorbereitung nicht so leicht gefallen. «Allein die Schrift.» Gefährlich ist dieser Grundsatz, wenn er von Fundamentalisten missbraucht wird. Diese sagen, man müsse alles, was in der Bibel steht, wörtlich glauben.

Fundamentalistische Haltungen scheinen mir überhaupt ein grosses Problem in unserer Zeit zu sein. Ich denke an politischen Fundamentalismus, wenn Parteien mit dem Anspruch auftreten, hundertprozentig im Recht zu sein, und den andern absprechen, vielleicht doch auch etwas Richtiges zu sehen. Und dann im Bereich der Weltreligionen: Über den islamischen Fundamentalismus, den so genannten Islamismus, muss ich kaum etwas sagen. Unsere Medien sind voll davon. Aber es gibt auch hinduistische Fundamentalisten, die in Indien Moscheen in Brand stecken. Und es gibt buddhistische Fundamentalisten, die in Burma die muslimische Minderheit bedrängen. Es gibt jüdische Fundamentalisten, zumeist aus Amerika stammende Siedler in Israel, die unrechtmässig Land besetzen und behaupten, Gott habe es ihnen versprochen und geschenkt, es stehe ja in der Bibel.

Und zu den christlichen Fundamentalisten: Diese heute recht lautstarke Bewegung entstand am Ausgang des 19. Jahrhunderts in Amerika. Es waren zumeist arme Einwanderer, die sich von der zunehmenden Industrialisierung an die Wand gedrückt und überfahren fühlten. Sie klammerten sich an die Religion ihrer Vorfahren. Gegen die Abstammungslehre der Darwinisten wollten sie festhalten, dass man die biblischen Schöpfungstexte buchstäblich für wahr halten müsse, der Mensch stamme nicht vom Affen, sondern von Adam und Eva ab. Heute wenden sich Fundamentalisten zum Beispiel oft gegen die Homosexuellen. Aus der Bibel wird dann zitiert: «Und wenn jemand mit einem Mann schläft, wie man mit einer Frau schläft, so haben beide einen Gräuel verübt. Sie müssen getötet werden [...].» (Lev 20,13) Ein schreckliches Zitat! Solche Fundamentalisten missverstehen die Bibel als ein starres Gesetzbuch.

Doch kommen wir zurück zum Grundsatz der Reformation «Allein die Schrift», auf Lateinisch «sola scriptura»! Die Reformatoren waren keine Fundamentalisten! Für heute beschränke ich mich auf Zwingli, den Zürcher Reformator. Für Zwingli war die Bibel nicht ein Gesetzbuch, sondern im Gegenteil ein befreiendes Buch. Es ging ihm nicht um den Buchstaben, sondern um den Geist. Viele von Ihnen haben das Folgende wohl auch schon gehört: Seine erste reformatorische Schrift im engeren Sinn war die Broschüre «Von erkiesen und fryheit der spysen [von der freien Wahl der Speisen]». Mit Hilfe des Grundsatzes «Allein die Schrift» wandte Zwingli sich hier gegen den religiösen Zwang. Der damaligen Kirche warf er vor, sie sei gewissermassen überreguliert und bürde den Menschen Pflichten auf, die nicht mit der Bibel begründet werden könnten. Ausgangspunkt waren die

Fastenregeln, ein ausgeklügeltes Regelwerk, das genau vorschrieb, was man an gewissen Tagen essen und nicht essen dürfe. Zwingli sagte dagegen: Wenn man gelegentlich freiwillig faste und überhaupt massvoll lebe, dann sei das gut. Nicht gutheissen könne er dagegen ein System, das verlange, an einem Tag zu fasten, wogegen man zu einer anderen Jahreszeit über die Stränge schlagen dürfe, eine solche Lebensart sei nicht biblisch beziehungsweise evangelisch.

Und ein zweites Beispiel: Zwingli setzte sich in dieser seiner ersten reformatorischen Schrift mit dem Zwangszölibat auseinander. Priestern der katholischen Kirche war es untersagt, eine Familie zu gründen, eine Regel, die übrigens erst im Mittelalter flächendeckend eingeführt worden war. (In den orthodoxen Kirchen des Ostens dürfen Priester gemäss den Regeln der ersten christlichen Jahrhunderte bis heute heiraten und Familienväter sein.) Aus eigener Erfahrung wusste Zwingli, wie schwer es vielen Priestern fiel, wirklich zölibatär zu leben. In jungen Jahren hatte gelegentlich auch er selbst, obwohl er die Priesterweihe empfangen hatte, eine Prostituierte besucht.

Dass jemand, der eine christliche Gemeinde leite, ehelos leben müsse, davon finde er in der Bibel nichts. Ich möchte das übrigens unterstreichen: Die Bibel kennt zwar Beispiele von zölibatär lebenden Männern, im Alten Testament den Propheten Jeremia, im Neuen Testament Jesus von Nazaret und den Apostel Paulus. Aber der Apostel Petrus war verheiratet und nahm seine Frau auf seinen Reisen mit. Jesus heilte sogar die Schwiegermutter von Petrus, als sie einmal Fieber hatte. «Allein die Schrift.» Indem Zwingli auf die Bibel zurückgriff, erfuhr er diese nicht als Zwang, sondern vielmehr als befreiend. Er wusste sich von Gott berechtigt, Anna Reinhart, die Frau, die er liebte und die ihn, als er lebensbedrohlich an der Pest erkrankt gewesen war, liebevoll gepflegte hatte, offiziell zu heiraten. Gemeinsam hatten sie vier Kinder. Es war eine Liebesehe.

Dass Zwingli kein Fundamentalist war, zeigt sich unter anderem auch darin, dass er den Täufern widersprach. Sein ehemaliger enger Freund Konrad Grebel vertrat die Meinung, weil Jesus das letzte Abendmahl am Abend begangen habe, dürfe man auch heute das Abendmahl nur in den Abendstunden feiern. Zwingli entgegnete ihm, wenn das wahr wäre, müsste man auch die gleichen Kleider wie Jesus und seine Jünger tragen. Bei der Auslegung biblischer Texte komme es darauf an, die Zeitumstände zu beachten, die jeweilige Situation, in der ein Text geschrieben wurde. Das Gleiche vertrat er im Zusammenhang mit der Taufe. Weil im Neuen Testament nur von der Taufe Erwachsener die Rede ist, verwarfen Konrad Grebel und die anderen Täufer die Säuglingstaufe. Wissenschaftlich-theologisch gab Zwingli den Täufern Recht. Im Neuen Testament gehe es wirklich um die Erwachsenentaufe. In der eigenen Gegenwart wollte Zwingli aber am Brauch der Säuglingstaufe festhalten. Es war ihm wichtig, zu bezeugen, dass auch die Kinder vom ersten Atemzug an – oder sogar schon vorher – unter der Liebe Gottes stehen, von dieser getragen werden und zur christlichen Gemeinde gehören. Nein, Zwingli war kein Fundamentalist – Luther und Calvin und die anderen Reformatoren übrigens ebenfalls nicht. Und doch war der Grundsatz «Allein die Schrift» für sie alle wichtig.

Im 36. Kapitel des Buches Jeremia kann man nachlesen, wie das Buch Jeremia entstand: Der Prophet diktiert dem Schreiber Baruch Worte, die er von Gott empfangen hat. Baruch liest die kleine Schriftrolle im Tempel vor. Wichtige Männer vom Königshof hören diese Lesung. «Das muss der König erfahren!» Doch die Worte Gottes haben keine Wirkung vor der königlichen Majestät. Sie werden im Gegenteil verhöhnt. Die kleine Schriftrolle wird mit einer zynischen Geste Stück um Stück verbrannt. Baruch und Jeremia sollen verhaftet werden, was allerdings misslingt. Aber dann kommt es zu einem zweiten Diktat. Und die neue Rolle, die nicht zerstört wurde, ist noch umfangreicher als die erste!

Die Szene gibt uns einen Einblick in die Entstehungsgeschichte der Bibel. Im Lauf der Jahrhunderte kamen immer mehr derartige Schriftrollen zusammen. Besonders in der Zeit der babylonischen Gefangenschaft und danach kam es im Judentum so zum Synagogengottesdienst, in dem regelmässig aus den überlieferten Schriften vorgelesen wurde. Diese galten zunehmend als heilig. Und im jungen Christentum verlief die Geschichte ähnlich. Zuerst entstanden die Paulusbriefe, dann die vier Evangelien und so fort. Auch bei den Christen war das Vorlesen der überlieferten Schriften ein wesentlicher Teil des Gottesdiensts. Und schon bald schälte sich heraus, welche Schriften für die ganze Kirche verbindlich bleiben sollten. Sie überzeugten von innen heraus. Evangelien und auch Briefe, die zu fantastisch und deshalb wenig glaubwürdig waren (die so genannten Apokryphen), wurden ausgeschaltet. Bereits am Ausgang des zweiten Jahrhunderts war das Neue Testament (wie vorher schon das Alte Testament) im Wesentlichen fertig. Nur Weniges kam später noch dazu, der Petrus-, der Jakobus- und der Hebräerbrief – und in gewissen Ausgaben die Johannesoffenbarung.

Ich möchte es so formulieren: Die Bibel ist eine Sammlung von Schriften, die von innen heraus am meisten überzeugten und als geistliche Nahrung erfahren wurden. Noch einmal: Man kann die Bibel nicht wie der Fundamentalismus als Gesetzbuch verwenden. Da die verschiedenen alten Handschriften in manchen Einzelheiten voneinander abweichen, gibt es auch nicht einen ein für alle Mal abgeschlossenen und definitiven Text, der nicht mehr revidiert werden darf. Nicht umsonst erscheinen aufgrund neuer Erkenntnisse der Bibelwissenschaften immer neue Ausgaben. Nur das Wesentliche steht seit der Antike fest. Und ich denke: Das genügt. Wer sich auf die Bibel im Ernst einlässt, sich mit ihr auseinandersetzt, sich Zeit für sie nimmt, geduldig ist, wird immer neu Entdeckungen in ihr machen und dankbar dafür sein.

Je länger man sich mit der Bibel beschäftigt, desto mehr erscheint sie als eine riesige Landschaft mit Hügeln und Gebirgsketten, kleineren und grösseren Tälern, Ebenen, Seen und Meeren. Wenn man sie erforscht, nimmt man viele verschiedene Muster wahr. Man erkennt Höhenzüge, die manchmal unterbrochen werden, dann aber plötzlich wieder weitergehen. Wenn man sie verfolgt, gelangt man zu immer neuen Aussichtspunkten. Man entdeckt neue Wege zu immer neuen Zielen, häufig überraschend. Und vor allem ist wichtig: So vielfältig diese Landschaft ist, so sehr da manchmal auch ein Felsbrocken am Weg liegen kann, von dem man nicht genau weiss, woher er stammt, so sehr ist es eben doch nicht ein wirres Trümmerfeld, sondern eine einzige Landschaft. Die verschiedenen Teile fügen sich zusammen und ergänzen sich. Gewisse Gesteinsformationen treten immer neu auf. Die wichtigste dieser Gesteinsformationen ist die göttliche Liebe – und zwar auch im oft viel zu wenig beachteten und ernst genommenen Alten Testament. Und auch das Gebot der Nächstenliebe ist eine derartige Gesteinsformation, die in der biblischen Landschaft immer von neuem an die Oberfläche tritt, ebenfalls bereits im Alten Testament.

Lassen Sie mich meine Predigt über den reformatorischen Grundsatz «Allein die Schrift» mit einem Zwingliwort schliessen, das wir uns zu Herzen nehmen dürfen:

> «Leggend umb gotz willen die bible in die mitte! Darumb, fromme Christen, zur gschrift, zur gschrift! Die macht wys zur seligkeit und leret alles guots.»[1]

Amen.

Februar 2018

1 Nach: Marianne und Frank Jehle: Kleine St. Galler Reformationsgeschichte, Zürich ^{3}2006, S. 40.

Allein Christus

Text: Kol 1,12–23

«Ich bin klein,
mein Herz ist rein,
soll niemand drin wohnen
als Jesus allein.»

Ich denke, viele von Ihnen kennen dieses Kindergebet, und es mag durchaus sein, dass einige von Ihnen es vor Jahren selbst gebetet haben und deshalb nostalgische Gefühle dabei haben. Aber verzeihen Sie mir bitte: Trotzdem erlaube ich mir zu sagen, theologisch und wohl auch psychologisch sind diese Verse Unsinn. In einem Kinderherz hat hoffentlich doch wohl nicht nur Jesus, sondern noch viel anderes Platz, Mama und Papa, die Grosseltern und Geschwister und vielleicht auch der Teddybär und die abgegriffene und verwaschene Stoffpuppe, die mit Joggeli angesprochen und überallhin mitgeschleppt wird.

In meiner Predigt zum Grundsatz «Allein die Gnade» habe ich vor einigen Wochen von Katharina von Siena erzählt, dieser grossen christlichen Frau im Spätmittelalter. In ihrer Jugend litt sie, wenn ich so sagen darf, unter religiösem Überschwang. Sie wollte nur zu Jesus gehören, nur mit ihm zusammensein. Doch in einer grossartigen Vision schickte sie dieser zu den Menschen. Lasst uns das Zitat aus meiner früheren Predigt nochmals hören.

«Du sollst nicht nur dir selber nützlich sein, nein, auch den anderen, auch dafür gebe ich dir ja meine Gnade. Ich will dich doch nicht von mir wegschicken; im Gegenteil, die Liebe für die Menschen wird dich

> noch fester an mich binden! Dies ist meine Absicht: du weisst, ich habe zwei Gebote der Liebe gegeben, ihr müsst mich und euren Nächsten lieben. [...] Ich will, dass du die Gerechtigkeit beider Gebote erfüllst. Du sollst nicht auf einem Fuss daher hinken, du sollst mit beiden Füssen ausschreiten.»[1]

Noch einmal:

> «Ich bin klein,
> mein Herz ist rein,
> soll niemand drin wohnen
> als Jesus allein.»

So geht es wirklich nicht! Jesus und unsere Mitmenschen sind keine Gegensätze, die sich wechselseitig ausschliessen. Gerade wer Jesus liebt, wird sich von seinen Nächsten – und überhaupt von der Welt – nicht trennen.

Doch zum Grundsatz «Allein Christus», auf Lateinisch «solus Christus», dem dritten der vier Grundsätze der Reformation, heute unser Thema: Diejenigen, die mich kennen, wissen, dass ich kein Katholikenfresser bin. Im Gegenteil, ich habe eine grosse Hochachtung vor der römisch-katholischen Kirche und kenne Katholiken, die bessere Christen sind als viele Protestanten. Und doch können wir den Grundsatz «Allein Christus» nur richtig verstehen und einordnen, wenn wir uns klar machen: Er ist gegen gewisse Aspekte jedenfalls des vorreformatorischen – teilweise aber auch noch des heutigen – Katholizismus gerichtet. Es geht um die Marienverehrung und um die Heiligenverehrung allgemein, die gerade in den Jahren vor der Reformation, dann aber auch in den Jahren der Gegenreformation, eine wichtige Rolle spielten.

---

1 Frank Jehle: Grosse Frauen der Christenheit, Freiburg (Schweiz) 1998, S. 7f. Vgl. oben S. 128.

Schauen wir uns nur die St. Galler Kirchengeschichte vor der Reformation an: Wie ernst nahm man in der Klosterkirche die Verehrung von Gallus und Otmar und von vielen anderen. Und vielleicht noch wichtiger war der Marienkult. Abt Ulrich Rösch richtete in seinem Münster einen Altar für «Unsere Liebe Frau im Gatter» ein. Wer diese besuchte, vor ihr betete, eine Kerze anzündete oder Geld spendete, konnte sich Verdienste erwerben. Die Wallfahrt zu dieser «Unseren Lieben Frau im Gatter» war in den Jahren vor der Reformation überaus populär. Tausende nahmen daran teil. «Unsere Liebe Frau im Gatter» hiess sie übrigens, weil das Marienbild durch einen eisernen Käfig geschützt werden musste. Die begeisterten Pilgerinnen und Pilger hätten das Marienbild sonst beschädigt, Stücke davon abgebrochen, um sie nach Hause zu nehmen. Sie meinten, so etwas Göttliches in der Hand zu haben.

Anders sah es die Reformation. Einige von Ihnen wissen wohl, dass ich im letzten Herbst aus Anlass des Reformationsjubiläums den bisher wenig bekannten reformierten St. Galler Katechismus von 1527 publizierte, nach meinem Dafürhalten ein bedeutender Text. Er lässt uns den Glauben der frühen Reformierten besser verstehen. Und hier lesen wir zu unserem Thema unter anderem das Folgende:

> «Was gloubstu von der Junckfrow Maria?
>
> Antwurt. Das / das sy ist vßerwelt von Gott / voll gnad / Gesegnet vnder den wyben: vnd gesegnet die frucht jrs lybs Jesus Christus. Vnd das sy rain vor der geburt / in der geburt / vnnd nach der geburt sye: ain demuetige dienerin vnd selige junckfrow / vmb jres gloubens willen: ain trüwe muoter vnsers Herren Jesu Christi. Vnd das sy besitz gewißlich das erb in den ewigen froeudenn. Vnd das sy zu allen disen dingen ist kommen / vß der gnad Gottes in der gmainschafft des lydens vnnd sterbens jrs lieben suns vnsers Herren Jesu Christ. Jn jm vnd durch jn thett jr Gott grosse ding / darumb vns zu erkennen ist / vnnd von jr zu wüssen was Gott in jr vnd durch sy als ain auserkießt handgschirr / gewürckt hab / darumb sol jr gedaechtnuß mit lob vnd

> pryß / vnd mit dancksagung zu Gott gehalten werden / wie aller anderen Seligen / zu denen wir billich als zu abwesenden fründen liebe tragend: dann sy fürneme glieder des lybs Christi warend.»[2]

Es ist ein bemerkenswerter Abschnitt. Der St. Galler Katechismus spricht also mit grosser Ehrfurcht von Maria. Sogar ihre leibliche Aufnahme in den Himmel wird gelehrt! In der Geschichte ihres Sohns spielt sie eine wichtige Rolle, die nicht wegzudiskutieren ist. Und etwas später wird von ihr gesagt, dass man sie und die übrigen Heiligen gebührend ehre, indem man ihr und ihnen nachfolge und ebenso gut handle, wie sie es getan hätten, sie seien für uns Vorbild. Wörtlich:

> «Jn jrem tugentsamen laeben / darinnen sy Christo nachvolgten mit ainem laebendigen glouben / vnd mit wircklicher liebe / die vmb die hoffnung deß ewigen laebens sich gearbeitet vnd duldet hand / biß in tod mit verachtung der welt vnnd jrer lüsten.»[3]

Das ist nicht nichts, sondern sogar viel! Nicht umsonst hat man im reformierten St. Gallen die Kirchennamen St. Laurenzen, St. Mangen, St. Katharinen, St. Leonhard und St. Jakob nicht abgeschafft, sondern beibehalten. Aber wir haben es gehört: Wir sollen von Maria wie von einer abwesenden Freundin denken – und von den Heiligen ebenfalls als von abwesenden Freunden. Das heisst, wir können uns ihrer liebevoll erinnern und sie als Vorbild nehmen. Aber nicht mehr! Da sie als abwesend gedacht werden, kann und soll man nicht Worte an sie richten. «Allein Christus» ist hier der Grundsatz.

Es gäbe noch viel zu sagen, aber ich muss mich kurz fassen. An diesem Punkt besteht bis zum heutigen Tag ein Unterschied

---

2 Frank Jehle (Hg.): «Ain christliche Underwisung der Jugend im Glouben.» Der St. Galler Katechismus von 1527, Zürich/St. Gallen 2017, S. 66.

3 A. a. O., S. 67.

zwischen den evangelischen und der römisch-katholischen Kirche (und auch den orthodoxen Kirchen). Besonders seit dem Zweiten Vatikanischen Konzil hat man zwar in Rom vieles reformiert. Und dasselbe Konzil betonte hoch offiziell, ein einziger sei unser Mittler: Jesus Christus, nur er schenke das Heil. Aber auch dieses Konzil sagte dann trotzdem über die Jungfrau Maria:

> «Indem sie Christus empfing, gebar und nährte, im Tempel dem Vater darstellte und mit ihrem am Kreuz sterbenden Sohn litt, hat sie beim Werk des Erlösers in durchaus einzigartiger Weise in Gehorsam, Glaube, Hoffnung und brennender Liebe mitgewirkt zur Wiederherstellung des übernatürlichen Lebens der Seelen.»[4]

Maria ist also auch gemäss dem Zweiten Vatikanischen Konzil als «Mitwirkerin» an unserem Heil beteiligt! Es hängt dies damit zusammen, dass die römisch-katholische Frömmigkeit und Theologie nicht so stark wie die evangelische zwischen dem Göttlichen und dem Menschlichen unterscheidet. Der Satz «Das Wort wurde Fleisch» wird so ausgelegt, dass die Welt seit und dank der Geburt Jesu Christi bis zu einem gewissen Grad bleibend vergöttlicht worden ist. Etwa in der Eucharistie kann man das Göttliche nach katholischer Auffassung geradezu leiblich anfassen. Ähnlich steht es mit der Heiligenverehrung. Und unter anderem zeigt sich dies in der besonderen Position des Papstes als des irdischen Stellvertreters Christi.

Ich denke, dass wir diesen Unterschied für heute einfach bis auf Weiteres stehen lassen müssen – in der Hoffnung, dass die grossen christlichen Konfessionen sich dank dem ökumenischen Dialog mit der Zeit doch noch näherkommen können. Im Moment sind wir an diesem Punkt leider in einer ökumenischen Sackgasse, obschon das Gemeinsame der Konfessionen zum

---

4 Zweites Vatikanisches Konzil, Dogmatische Konstitution über die Kirche Lumen Gentium, Art. 60 und 61.

Glück ja viel grösser als das Trennende ist. Versuchen wir uns an das Gemeinsame zu halten und dieses zu betonen und zu leben!

Mein theologischer Lehrer Gerhard Ebeling schickte mir am 16. Dezember 1998 (er war damals 86 Jahre alt) eine Weihnachtskarte mit einer mittelalterlichen Buchminiatur. Auf dieser stand unter anderem:

> «Lieber Herr Jehle! […] Töricht wäre es […], mit der Ökumene erst da zu beginnen, wo wir völlig einig sind. Es gilt einander zu verstehen und zu lieben – Christen und Nichtchristen –, auch wenn man gestehen muss, nicht einverstanden zu sein.»[5]

Ist das nicht bedenkenswert?

Am Schluss meiner Predigt möchte ich noch etwas anderes aufgreifen: «Allein Christus» – bedeutet diese Formel, dass nur Angehörige des Christentums – bewusste Christinnen und Christen – selig werden können? Gelegentlich wird dies so ausgelegt. Solche Predigten habe ich schon gehört. Juden und Angehörige anderer Religionen wären in diesem Fall ausgeschlossen vom Heil. Aus diesem Grund habe ich als Schriftlesung des heutigen Gottesdiensts den Christushymnus im ersten Kapitel des Kolosserbriefs gewählt. Christus wird dort überschwänglich als der kosmische Christus angerufen. Auch dort, wo sein Name unbekannt ist, ist er in einer geheimnisvollen Weise wirksam und gegenwärtig. Hören wir noch einmal:

> «Denn es gefiel Gott, seine ganze Fülle in ihm wohnen zu lassen und durch ihn das All zu versöhnen auf ihn hin, indem er Frieden schuf durch ihn, durch das Blut seines Kreuzes, für alle Wesen, ob auf Erden oder im Himmel.» (Kol 1,19)

---

5 Gerhard Ebeling nach: Frank Jehle: Von Johannes auf Patmos bis zu Karl Barth. Theologische Arbeiten aus zwei Jahrzehnten, hg. von Adrian Schenker und Marianne Jehle-Wildberger, Zürich 2015, S. 284.

Ich möchte zwar nicht die Allversöhnung lehren (wie die grosse St. Gallerin Anna Schlatter vor zweihundert Jahren es tat). Das Recht dazu habe ich nicht. Ich denke aber, dass wir darauf hoffen dürfen, dass Christus, von dem der Hymnus im Kolosserbrief singt, dass alles im Himmel und auf Erden durch ihn und auf ihn hin geschaffen worden sei, Mittel und Wege finden kann, auch Menschen an sein Herz zu ziehen, die seinen Namen nicht kennen oder nur in einer verzerrten Form kennen lernen konnten. Lasst uns für alle Menschen – in der Vergangenheit, in der Gegenwart und in der Zukunft – im Namen Jesu Christi beten! Das wäre für mich eine wichtige Schlussfolgerung aus dem reformatorischen Grundsatz «Allein [Jesus] Christus». Amen.

April 2018

Allein durch den Glauben

Text: Jes 7,9 und 30,15

Meine vierte Predigt zu den vier «Allein» der Reformation gilt dem Leitwort «Allein durch den Glauben», «sola fide». Und zwar beginne ich mit einem Rückblick auf den September des Jahres 1522. Damals erschien in Wittenberg die im deutschsprachigen Raum erfolgreichste und einflussreichste Buchpublikation jener Zeit: Martin Luthers Übersetzung des Neuen Testaments. Deutsche Bibelübersetzungen gab es zwar schon im Mittelalter. Es war dies aber das erste Mal, dass jemand das Neue Testament nicht aus dem Lateinischen, sondern aus der griechischen Originalsprache ins Deutsche übersetzte. Und Luther machte es erst noch gut! Wie er später selber sagte: Er hatte dem Volk aufs Maul geschaut. Sein Neues Testament sollte verständlich und lesbar sein. Und das war es auch!

In diesem Neuen Testament steht natürlich auch der Römerbrief des Apostels Paulus. Und hier wurde Vers 28 des dritten Kapitels von Luther folgendermassen übersetzt:

> «So halten wir nun dafür, dass der Mensch gerecht werde ohne des Gesetzes Werke, allein durch den Glauben.» (Röm 3,28, Lutherbibel von 1912)

«Allein durch den Glauben!» Es ist dies eine Aussage, die bis zum heutigen Tag für den Protestantismus zentral geblieben ist. «Allein durch den Glauben», das bedeutete und bedeutet bis heute in den

Ohren vieler eine riesige Befreiung. Wenn ich gerettet werden beziehungsweise selig werden will – weltlicher formuliert: wenn es mit mir gut herauskommen soll, wenn mein Leben und Sterben gelingen soll –, dann muss ich demnach nicht einen mehr oder weniger langen Pflichtenkatalog erfüllen: religiös gesprochen, fasten, beichten, wallfahren, gute Werke tun usw.; allgemein gesprochen, grössere oder kleinere Lebensleistungen erbringen, und dies oft verbunden mit der bangen Furcht, was immer ich auch tue, es sei immer noch nicht genug, ich könne den an mich gestellten Anforderungen trotz allem, was ich tue, nicht genügen.

Es war besonders der junge Luther, der jahrelang, obwohl er wegen seines frommen Lebenswandels ein viel bewunderter Mönch gewesen war, darunter gelitten hatte, dass es ihm nicht möglich war, die von ihm selbst gesetzten Ideale zu erreichen.

In einem seiner Lieder sagte er das Folgende dazu:

> «Dem Teufel ich gefangen lag;
> im Tod war ich verloren;
> mein Sünd mich quälte Nacht und Tag,
> darin ich war geboren.
> Ich fiel auch immer tiefer drein;
> es war nichts gut am Leben mein;
> die Sünd hatt' mich besessen.
>
> Mein guten Werk, die galten nicht,
> mit ihnen war's verdorben;
> der frei Will hasste Gotts Gericht,
> er war zum Gut'n erstorben.
> Die Angst mich zu verzweifeln trieb,
> dass nichts denn Sterben bei mir blieb;
> zur Hölle musst ich sinken.»[1]

---

1 Gesangbuch der Evangelisch-reformierten Kirchen der deutschsprachigen Schweiz. Basel und Zürich 1998, Nr. 273,2–3.

Die beiden Strophen berichten von einer schrecklichen Erfahrung. Aber Luthers Lied ist damit nicht zu Ende! Es geht so weiter und strebt erst jetzt seinem Höhepunkt zu:

> «Da jammert' Gott in Ewigkeit
> mein Elend übermassen;
> er dacht an sein Barmherzigkeit,
> er wollt mir helfen lassen.
> Er wandt zu mir das Vaterherz […].»[2]

Luther gibt in der Fortsetzung seines Liedes eine Nacherzählung des neutestamentlichen Heilsgeschehens: Gott schickt seinen Sohn Jesus Christus und mit ihm das Heil. Es geht wirklich nur darum, es im Glauben zu ergreifen. «Allein durch den Glauben!»

Dank dieser Erinnerung an Luther können wir uns gut vorstellen, wie befreiend der Grundsatz «Allein durch den Glauben» wirkte. Aber es gab auch heftige Kritik! Zunächst eine äusserliche: Der Ingolstädter Professor Dr. Johannes Eck, der theologisch wichtigste, weil gelehrteste Gegner Luthers, machte öffentlich darauf aufmerksam: Luther habe bei seiner Bibelübersetzung den Text verbogen oder sogar gefälscht, das Wort «allein» fehle in der griechischen Originalfassung, buchstäblich-wörtlich übersetzt stehe dort bloss – wie in der heutigen Zürcher Bibel:

> «Denn wir halten fest: Gerecht wird ein Mensch durch den Glauben, unabhängig von den Taten, die das Gesetz fordert.» (Röm 3,28, Zürcher Bibel von 2007)

Formaljuristisch betrachtet hatte Dr. Eck Recht. Aber auch römisch-katholische Fachleute für das Neue Testament sagen heute – zum Beispiel der seinerzeit hoch angesehene Münchener Professor Otto Kuss (1905–1991): Sachlich habe Luther den Text trotzdem richtig übersetzt, wenn der Apostel Paulus deutsch

---

2 A. a. O., Nr. 273, 4.

geschrieben hätte, dann hätte auch er «allein durch den Glauben» formuliert.[3]

Aber nicht mehr zum Formalen, sondern zum Inhaltlichen: Von vielen wird häufig eingewandt: Der Grundsatz «Allein durch den Glauben» sei zu billig, und er verleite die Menschen dazu, unverantwortlich und leichtfertig zu leben. Bereits in der Reformationszeit wurde beobachtet, dass dank dem Grundsatz «Allein durch den Glauben» manche Gemeindeglieder verantwortungslos und leichtfertig wurden. Der – wenn ich so sagen darf – Pegelstand der Sittlichkeit nahm bei manchen Protestanten ab. Wenn man ja eh in den Himmel komme, sagte man, dann erübrige sich eine ethisch hochstehende Lebenshaltung.

Im 20. Jahrhundert war es besonders Dietrich Bonhoeffer, der dem Protestantismus seiner Zeit vorwarf, den Grundsatz «Allein durch den Glauben» überzubetonen beziehungsweise falsch zu verstehen. Aus diesem Grund diagnostizierte Bonhoeffer, dass man sich vielerorts in der lutherischen Kirche zu wenig engagiert gegen den Nationalsozialismus wehrte. In seinem Buch «Nachfolge» von 1937 nannte er die «billige Gnade» den «Todfeind unserer Kirche».[4] Es sei ein verhängnisvolles Missverständnis der Lehre Luthers, wenn man meine, mit dem Grundsatz «Allein durch den Glauben» habe der Reformator die Menschen vom «Gehorsam gegen das Gebot Jesu in der Welt» dispensieren wollen, wie wenn seine reformatorische Entdeckung in der «Heiligsprechung» und «Rechtfertigung» der Welt (und nicht der Glaubenden) bestanden hätte.[5] Glaube und Gehorsam gehörten für Bonhoeffer untrennbar zusammen. Berühmt wurden seine zwei viel zitierten Thesen: «Nur der Gehorsame glaubt» und «Nur der Glaubende ist gehorsam».[6]

---

3 Der Römerbrief, übersetzt und erklärt von Otto Kuss. Erste Lieferung (Röm 1,1 bis 6,11), Regensburg ^{2}1963, S. 174.

4 Dietrich Bonhoeffer: Nachfolge, München ^{7}1961, S. 13.

5 A. a. O., S. 19f.

6 A. a. O., S. 35.

Nun, was sagen wir heute dazu? Im letzten Teil meiner Predigt kann ich nur das Folgende ausführen: «Allein durch den Glauben» – es kommt darauf an, was mit dem Wort «Glaube» gemeint ist. In unserer Alltagssprache kommt es mit verschiedenen Bedeutungen vor: «Ich glaube, morgen gibt es Regenwetter.» In diesem Fall meint die Vokabel «glauben»: «Es kann so sein, aber ich bin nicht ganz sicher.» Oder: «Ich glaube, dass es Engel gibt.» In diesem Fall ist mit «glauben» für wahr halten gemeint. Und dann versteht es sich von selbst: Ein derartiger Glaube genügt nicht, um gerettet oder selig zu werden.

Wenn wir uns in der Bibel über das Wort «glauben» informieren, stellen wir etwas anderes fest. Auf Hebräisch heisst das Wort, das wir in der Regel mit «glauben» zu übersetzen pflegen, «häämin». Wie alle religiösen Wörter stammt es aus der Alltagssprache und ist zunächst völlig unreligiös. Und hier bedeutet es ganz schlicht «still sein» oder «die Ruhe bewahren». «Glaube» hat so verstanden also nichts mit dem Verstand zu tun, sondern ist eine Lebenshaltung.

Als Predigttext habe ich zwei Worte des Propheten Jesaja gewählt:

> «Glaubt ihr nicht, so bleibt ihr nicht!» (Jes 7,9)

> «Durch Stillesein und Hoffen würdet ihr stark sein». (Jes 30,15)

So steht es in der klassischen Lutherbibel. Es sind dies grosse und bleibende Verse aus dem Alten Testament. Noch einmal: «Glaubt ihr nicht, so bleibt ihr nicht!» Der Prophet Jesaja wollte mit diesem Satz König Achas in einer politisch äusserst schwierigen Situation Mut zusprechen. Es bestand die reale Gefahr, dass Jerusalem von einem feindlichen Heer belagert und am Ende eingenommen würde. «Glaubt ihr nicht, so bleibt ihr nicht!» Gemäss diesem Satz musste der König nicht – im Sinne von für wahr halten – irgendetwas glauben. Sondern er wurde dazu aufgerufen, still zu bleiben und ruhig zu sein. Er sollte nicht die Nerven verlieren, sondern sich in seinem und im Gott seiner Vorfahren bergen.

Ein Kommentator des Buches Jesaja hat es so umschrieben: Nicht das stehe zur Diskussion, ob Achas im intellektuellen Sinn an den Gott seiner Vorfahren glaube – der König sei ja «gewiss nicht Götzendiener oder Atheist gewesen», im intellektuellen Sinn eines Für-wahr-Haltens habe er ohnehin an Gott geglaubt –, sondern das «Gewicht des Aufrufs» des Propheten Jesaja liege einzig und allein darauf, dass der König sich in der bedrohlichen Situation als ein Mensch erweisen solle, «der Ruhe, Vertrauen [und] Zuversicht bewahrt».[7] Und die folgende Formulierung desselben Kommentators muss man sich gut merken: Glaube sei nichts anderes als die «Haltung zuversichtlichen Vertrauens, das im Wissen um Gott und seine Verheissung seinen Grund hat».[8] Der biblische Gott habe seit den Tagen Noahs und Abrahams immer von neuem Heil verheissen. Hier wäre natürlich noch viel zu sagen, und man müsste darüber diskutieren.

Noch einmal zum Grundsatz der Reformation «Allein durch den Glauben»: Glaube im biblischen Sinn ist eine Haltung des ganzen Menschen, nicht nur des Verstandes, sondern auch des Willens und des Gefühls. Aus diesem Grund kann man den Satz des Apostels Paulus «So halten wir nun dafür, dass der Mensch gerecht werde ohne des Gesetzes Werke, allein durch den Glauben» nicht in einem ethisch leichtfertigen Sinn missverstehen und missbrauchen. Ein solcher Glaube hat unwillkürlich Folgen für die Lebenspraxis. Wer im biblischen Sinn glaubt, ist von Gott ergriffen und in Anspruch genommen. «Glaube ist keine Schwachform des Wissens, sondern das vertrauensvolle Sich-verlassen auf Gottes Zusage […].»[9] «Glauben heisst, seine ganze

---

7 Hans Wildberger in: Theologisches Handwörterbuch zum Alten Testament 1. München und Zürich 1971, Sp. 190f.

8 A. a. O., Sp. 192.

9 Ingolf U. Dalferth in ThLZ 143, 3, S. 175.

Existenz auf Gott gründen […].»[10] Glauben bedeutet «sein Herz hängen an». «In den Glauben ist das Tun zum vornherein integriert.»[11] «Glauben meint: es wagen, seine Sache ganz auf Gott zu stellen, und dann zuversichtlich einer Wirklichkeit begegnen, die durchaus Anlass zum Fürchten geben könnte. Glaubenssätze sind […] nicht einfach ewige Wahrheiten, über die man sich tiefsinnige Gedanken machen kann, sondern Wahrheiten, durch die der Mensch in konkreten Situationen zur Bewährung herausgefordert ist.»[12] Die guten Werke sind nicht Bedingung für das Heil, wohl aber Folgen und Früchte des Heils, das uns in Jesus Christus geschenkt wird. Der junge Karl Barth sagte es in einer Predigt im Jahr 1916 so: «Glauben heisst die Augen auftun. Glauben heisst wahrhaftig werden.»[13] Und ein weiterer zentraler Aspekt: Besonders das Neue Testament betont, dass der Glaube in diesem, seinem ursprünglichen hebräischen Sinn nicht ein Menschenwerk ist. Wie es im Galaterbrief des Apostels Paulus heisst: «Der Glaube kam.» (Gal 3,23) Eberhard Jüngel in Tübingen, einer der bedeutendsten lebenden evangelischen Theologen, sagt, der Glaube dürfe nicht «als menschliches Vermögen, sondern [er müsse] als ein zum Menschen kommendes Heilsereignis» begriffen werden. Wichtig sei, nicht mit dem Verstand zu glauben, sondern – es wurde dies schon einmal gesagt – «mit dem Herzen».[14]

Doch lasst uns zum Lutherlied zurückkehren, aus dem ich schon zweimal zitierte:

«Er sprach zu seinem lieben Sohn:
Die Zeit ist hie zu erbarmen.
Fahr hin, meins Herzens werte Kron,

10 Otto Hermann Pesch: Katholische Dogmatik 1,2, Ostfildern 2008, S. 440. Hier auch das folgende Zitat.

11 Hans Wildberger nach: Frank Jehle: Hans Wildberger (1910–1986). Eine theologische Biographie, Zürich 2015, S. 121.

12 Hans Wildberger nach: A. a. O., S. 163.

13 Karl Barth. Predigten 1916, Zürich 1998, S. 119.

14 Eberhard Jüngel in RGG, Band 3, Tübingen ^{4}2000, Sp. 954.

und sei das Heil dem Armen
und hilf ihm aus der Sünden Not;
erwürg für ihn den bittern Tod
und lass ihn mit dir leben.»[15]

Damit möchte ich mit meiner Predigt schliessen. Ich wünsche Ihnen und mir einen schönen Sonntag und eine gute neue Woche. Noch einmal mit dem zweiten der starken Worte des Propheten Jesaja:

«Durch Stillesein und Hoffen würdet ihr stark sein.»

Amen.

Juli 2018

15 Gesangbuch der Evangelisch-reformierten Kirchen der deutschsprachigen Schweiz. Basel und Zürich 1998, Nr. 273,5.

Sechsmal zum Buch Hiob

Der fromme Hiob

Text: Hiob 1

Das biblische Buch Hiob ist eine Art Fremdkörper in der Bibel. Jedenfalls auf den ersten Blick wird hier nicht das Evangelium verkündigt, die gute Botschaft von der Nähe Gottes. Das Buch Hiob gibt keine Antworten (oder nur provisorische), sondern es stellt Fragen. Am Ende bleibt vieles offen. Ich halte gerade dies für wertvoll. Das Buch Hiob ist ein Antidot – ein Gegenmittel – gegen eine zu grosse Sicherheit, besonders gegen einen sich selbstsicher gebenden Glauben. Wie oft sind Menschen, die sich als Christinnen und Christen verstehen (auch als Jüdinnen und Juden oder als Angehörige einer anderen Religion – oder auch als Atheisten –), versucht, sich überlegen zu fühlen. Besonders Pfarrerinnen und Pfarrer (ich schliesse mich mit ein) sind in der Gefahr, zu dogmatisch zu reden. Nichts ist problematischer als Dogmatismus.

«Nicht, dass ich es schon erlangt hätte oder schon vollkommen wäre!», hat mit verblüffender Ehrlichkeit der Apostel Paulus gesagt. (Phil 3,12) Und an einer andern Stelle: «Denn Stückwerk ist unser Erkennen […]. […] jetzt sehen wir alles in einem Spiegel, in rätselhafter Gestalt […].» (1Kor 13,9–12) Als Christinnen und Christen dürfen wir uns zwar sagen lassen, dass uns Gott in Jesus Christus unüberbietbar nahegekommen ist. Aber wir sind noch nicht am Ziel! Der in der Offenbarung des Johannes verheissene neue Himmel und die neue Erde, wo «kein Leid, kein Geschrei und keine Mühsal» mehr ist (Offb 21,4), sind noch nicht da. Das Buch Hiob, in dem vieles offen bleibt, mag uns daran erinnern.

Die meisten kennen den deutschen Dichter Heinrich Heine, der von 1803 bis 1867 lebte. Sein Lied «Ich weiss nicht, was soll das bedeuten, dass ich so traurig bin» ist wohl das populärste deutsche Volkslied. Heine war jüdischer Herkunft, hatte sich als junger Mann aber taufen lassen. Von 1841 an lebte er als politischer Flüchtling in Paris. Ab 1848 war er so schwer erkrankt (wohl an Rückenmark-Tuberkulose), dass er halb gelähmt im Bett lag. In dieser Zeit beschäftigte er sich intensiv mit dem Buch Hiob. Er identifizierte sich mit Hiob. Schriftstellerisch war er auch als Kranker aktiv. 1854 schrieb er:

> «Das Buch Hiob […] ist das Hohelied der Skepsis, und es zischen und pfeifen darin die entsetzlichen Schlangen ihr ewiges Warum? Wie kommt es, dass bei der Rückkehr aus Babylon die fromme Tempelarchivkommission […] jenes Buch in den Kanon der heiligen Schrift aufgenommen [hat]? […] Nach meinem Vermuten taten solches jene gotterleuchteten Männer nicht aus Unverstand, sondern weil sie in ihrer hohen Weisheit wohl wussten, dass der Zweifel in der menschlichen Natur tief begründet und berechtigt ist und dass man ihn also nicht täppisch ganz unterdrücken, sondern nur heilen muss. Sie verfuhren bei dieser Kur ganz homöopathisch, durch das Gleiche auf das Gleiche wirkend, aber sie gaben keine homöopathisch kleine Dosis, sie steigerten vielmehr dieselbe aufs ungeheuerste, und eine solche überstarke Dosis von Zweifel ist das Buch Hiob; dieses Gift durfte nicht fehlen in der Bibel, in der grossen Hausapotheke der Menschheit. Ja, wie der Mensch, wenn er leidet, sich ausweinen muss, so muss er sich auch auszweifeln, wenn er sich grausam gekränkt fühlt in seinen Ansprüchen auf Lebensglück; und wie durch das heftige Weinen, so entsteht auch durch den höchsten Grad des Zweifels, den die Deutschen so richtig die Verzweiflung nennen, die Krisis der moralischen Heilung. – Aber wohl demjenigen, der gesund ist und keiner Medizin bedarf!»[1]

---

1 Heinrich Heine: Sämtliche Schriften. Band 9. Schriften 1831–1855. Herausgegeben von Karl Heinz Stahl. München 1976, S. 190f. Nach:

Ich denke, es sind behaltenswerte Sätze. Für Heine, den schwer und unheilbar Leidenden, erwies sich das Buch Hiob paradoxerweise als eine Trostschrift.

Bevor ich zum eigentlichen Thema meiner Predigt komme, ein Zwischenschritt: Das Buch Hiob ist eine Dichtung, ein literarisches Kunstwerk – und nicht ein historischer Bericht. Man kann zwar die Frage nach dem historischen Jesus stellen – Jesus von Nazaret ist eine reale Figur in der Menschheitsgeschichte –, nicht aber die Frage nach dem historischen Hiob. Wenn man im Talmud, dem grundlegenden Lehrwerk des Judentums, nach Hiob sucht, findet man den Satz: «‹Hiob hat nie gelebt und ist nie erschaffen worden› – er war nur ein Gleichnis.»[2] Diese Feststellung spricht aber nicht gegen das Buch Hiob. Sondern es ist eben in der Tat ein Kunstwerk, eines der grossartigsten der gesamten Weltliteratur – zusammen mit der indischen Bhagavadgita, mit Homer oder den griechischen Tragödien, mit Dantes Divina Commedia und mit den Werken Shakespeares. Über die Sprachkraft des Buchs Hiob kann man nur staunen.

Wir haben vorhin das Eingangskapitel in Prosa gehört. Lassen Sie uns aus späteren Kapiteln in Verse gefasste Beispiele für die abgesehen von allem Inhalt literarische Qualität und Kreativität dieses Buchs hören. (Der Text entstand wohl im vierten oder dritten Jahrhundert vor Christus. Der oder die hochgebildeten Verfasser sind anonym.) Die Zeit, in der Hiob noch nicht von den Katastrophen, die über ihn hereinfielen, getroffen worden war, wird so beschrieben:

Alfred Bodenheimer: Heines Hiob. In: Thomas Krüger u. a. (Hg.): Das Buch Hiob und seine Interpretationen. Beiträge zum Hiob-Symposium auf dem Monte Verità vom 14.–19. August 2005, Zürich 2007, S. 412.

2 Nach: Gabrielle Oberhänsli-Widmer: Hiobtraditionen im Judentum, im in der voranstehenden Anmerkung genannten Sammelband, S. 319.

«Ach, wäre ich doch wie in früheren Monden,
wie in den Tagen, da Gott mich beschützte, [...]
als [Gott] noch bei mir war,
meine Kinder mich umgaben, [...]
als ich durchs Tor ging zur Stadt hinauf,
meinen Sitz einnahm auf dem Platz.
Sahen mich die Jungen, so traten sie zurück,
und die Alten erhoben sich und blieben stehen. [...]
Wessen Ohr mich hörte, der pries mich glücklich,
und wessen Auge mich sah, der bezeugte mir,
dass ich den Elenden rettete, der um Hilfe schrie,
und die Waise, die ohne Helfer war. [...]
Ich war Augen für den Blinden
und Füsse für den Lahmen.
Ein Vater war ich für die Armen [...].» (Hiob 29,2–16)

Und so Hiobs leidvoller Jetztzustand:

«Und nun singen sie Spottlieder über mich,
und auf mich zielt ihr Gerede.
Sie verabscheuen mich, sie halten sich von mir fern
und spucken mir ins Gesicht. [...]
Und nun zerfliesst meine Seele in mir,
Tage des Elends packen mich.
Bei Nacht werden mir die Knochen durchbohrt,
und meine nagenden Schmerzen hören nicht auf.
[Gott], hat mich in den Dreck geworfen,
ich bin wie Staub und Asche geworden.
Ich schreie zu dir, [Gott], und du antwortest mir nicht,
ich stehe da, und du bemerkst mich nicht.
Grausam wirst du gegen mich,
mit der Macht deiner Hand verfolgst du mich.» (Hiob 30,9–21)

Und in dieser, meiner ersten Hiobpredigt ein letztes Beispiel:

«[Gott] spannt den Norden aus über der Leere
und hängt die Erde auf über dem Nichts.

Er bindet das Wasser in seine Wolken,
und die Wolken zerreissen darunter nicht. […]
Die Säulen des Himmels erzittern
und erschrecken vor seinem Drohen. […]
Seht, das sind nur die Säume seiner Wege,
und wie leise ist das Wort, das wir vernehmen!
Wer aber könnte das Donnern seiner Macht begreifen?»
(Hiob 26,7–14)

Man muss sich weit in der Weltliteratur umsehen, um Verse von einer vergleichbaren Kraft zu finden. «[…] und [er] hängt die Erde über dem Nichts auf.» Deutlich ist, dass es sich um eine poetische und gleichnishafte Sprache handelt. Die Erde hängt über dem Nichts! Es versteht sich von selbst: Im Sinne eines fundamentalistischen Buchstabenglaubens kann man das nicht verstehen. Und wenn es im ersten Kapitel heisst: «Da sprach der Herr zum Satan», ist auch dies Dichtung und nicht eine realistische Reportage. Es handelt sich um ein menschliches – ein dichterisches – Gottesbild und nicht um die unmittelbare, uns sterblichen Menschen unzugängliche göttliche Realität. « [Gott] wohnt in einem Licht, zu dem niemand kommen kann.» (1Tim 6,16, Lutherbibel) Im Buch Hiob stehen verschiedene, von Menschen gemachte Gottesbilder nebeneinander.

Doch jetzt zum eigentlichen Thema:

«Und dieser Mann war schuldlos und aufrecht, er fürchtete Gott und mied das Böse.» (Hiob 1,1)

Ein vollkommener Mensch wird hier vorgestellt. Vorhin haben wir zur Illustration die Schilderung aus einem späteren Kapitel – nicht in Prosa, sondern in Versen – gehört. In der Stadt ist Hiob eine Respektsperson. Die Jungen machen ihm Platz, und die Alten stehen vor ihm auf. Er ist berühmt dafür, dass er sich um die Schutzbedürftigen kümmert: Elende, Waisen, Witwen.

> «Ich war Augen für den Blinden
> und Füsse für den Lahmen.
> Ein Vater war ich für die Armen […].» (Hiob 29,15f.)

Der Dichter gibt sich Mühe, Hiobs Tugendhaftigkeit dick zu unterstreichen.

Aber etwas fällt mir auf: In der Einleitung in Prosa erzählt der Dichter davon, dass Hiob präventiv Brandopfer dargebracht habe, wenn seine erwachsenen Kinder ein Fest miteinander gefeiert hätten.

> «Denn Hiob dachte: Vielleicht haben meine Kinder gesündigt und Gott gelästert in ihren Herzen.» (Hiob 1,9)

Das Detail soll Hiob wohl noch mehr als alles andere als vollkommen preisen.

Doch damit komme ich zu persönlichen Gedanken, die ich mir beim Lesen machte. Und zwar stellte sich mir die Frage: Hat dieser angeblich so vollkommene Hiob nicht vielleicht doch auch eine Schattenseite?

Man stelle es sich vor: Ein Vater opfert präventiv für seine Kinder, auch wenn diese bis jetzt sich nichts zu Schulden kommen liessen! Was soll das? Was ist das für ein Vater? Hat er kein Vertrauen zu seinen Kindern, die er zusammen mit seiner Frau ja selbst grossgezogen hat?

Ich spüre hier Ängstlichkeit und Misstrauen heraus, auch wenn der Dichter es wohl nicht so gemeint hat. Und ich stelle die Frage: Will dieser Hiob nicht allzu vollkommen und allzu fromm sein? Frömmer als fromm! Man kann alles übertreiben. Präventiv Opfer darbringen zur Sühnung von Sünden, die möglicherweise gar nicht begangen worden sind! Dieser Hiob will absolut sicher sein. Ja nichts darf passieren!

So tönt es in der Bergpredigt im Neuen Testament:

> «Sorgt euch […] nicht um den morgigen Tag, denn der morgige Tag wird für sich selber sorgen. Jeder Tag hat genug an seiner eigenen Last.» (Mt 6,34)

Und Jesus illustriert dies, indem er in die freie Natur hinausblickt:

> «Schaut auf die Vögel des Himmels: Sie säen nicht, sie ernten nicht, sie sammeln nicht in Scheunen – euer himmlischer Vater ernährt sie. […] Lernt von den Lilien auf dem Feld, wie sie wachsen: Sie arbeiten nicht und spinnen nicht, ich sage euch aber: Selbst Salomo in all seiner Pracht war nicht gekleidet wie eine von ihnen.» (Mt 6,26–29)

Etwas müsste man diesem so vollkommenen und frommen Hiob zurufen: «Nimm doch nicht alles so ernst und sei nicht so bedenklich! Habe Vertrauen in deine Kinder! Überwinde deine Angst!» Vielleicht darf ich es so sagen: Der einzige Fehler des an und für sich so vollkommenen Hiob ist, dass er sich Sorgen um den morgigen Tag macht.

> «Jeder Tag hat genug an seiner eigenen Last.»

Könnte nicht dies die Botschaft sein, die wir aus dem heutigen Gottesdienst mit nach Hause nehmen können? – Mehr will ich für heute nicht mehr sagen. In meiner nächsten Hiobpredigt werde ich über das Zwiegespräch im Himmel zwischen Gott und dem Satan in diesem literarischen Kunstwerk nachdenken. Heute wünsche ich uns allen aber nur noch einen schönen Sonntag und eine gute neue Woche. Amen.

Januar 2020

Gott und der Satan

Text: Hiob 2

Meine heutige Predigt möchte ich mit einem Umweg beginnen: Vor einigen Wochen war ich Gast an einer theologischen Tagung an der Universität Freiburg/Schweiz. Es ging um das Problem der Übersetzung der Bibel aus dem Hebräischen bzw. Griechischen in eine andere Sprache. Wenn das Judentum und später das Christentum sich international verständlich machen wollten, war dies nötig. An dieser Tagung in Freiburg hörte ich faszinierende Vorträge, am ersten Tag über Bibelübersetzungen im Altertum – aus dem Hebräischen ins Griechische, später ins Lateinische und dann ins Syrische, damals die Weltsprache im Vorderen Orient. In der syrischen Fassung kam unsere Bibel im Verlauf des Mittelalters bis ins ferne China.

Und damit zum zweiten Tag der Konferenz: Jetzt ging es in einer Reihe von Vorträgen um Bibelübersetzungen in eine chinesische Sprache, zuerst ins klassische Chinesisch, das in der dortigen Kultur dem Latein in Europa entspricht, dann ins Mandarin, dem heutigen Hochchinesisch, und dann in beinahe unzählige moderne, in China und Taiwan gesprochene Sprachen und Dialekte, die sich offenbar stark voneinander unterscheiden. Und etwas wurde deutlich: Es ist ungemein schwierig, wenn nicht teilweise sogar unmöglich, eine gute Bibelübersetzung herzustellen, eine Übersetzung, die sowohl der Herkunftssprache (dem Hebräischen und Griechischen) als auch der Zielsprache voll gerecht wird.

Zuerst ein praktisches Beispiel: Im Alten Testament begrüssen sich zwei Männer. Sie umarmen sich und küssen sich dabei. Es sei nun aber so, dass man sich in der chinesischen Kultur anders begrüsst: Man umarmt und küsst sich nicht, sondern man hält die Hände vor die Brust und verneigt sich voreinander. Soll, wer die Bibel übersetzt, nun bei der ursprünglichen Begrüssungsweise bleiben, oder soll man sich dem in China Üblichen anpassen, um so wirklich verständlich zu schreiben?

Und dann ein viel einschneidenderes Problem: In den chinesischen Sprachen und Dialekten gibt es offenbar kein Wort, dass der von uns verwendeten Vokabel «Gott» entspricht! Wie muss ich das Wort «Gott» ins Chinesische übertragen? In einer der besten heutigen Bibelübersetzungen wird das Wort «Gott» mit «der Kaiser des Himmels» wiedergegeben. Offenbar versteht man dann in China, was wir mit «Gott» meinen. «Der Kaiser des Himmels» – in China und in den meisten Weltreligionen kennt man die Vorstellung von einer jenseitigen Himmelswelt. In dieser thront das höchste Wesen mitten in seinem Hofstaat. So stellte man sich das Jenseits nicht nur in China, sondern auch im Hinduismus, im alten Ägypten und in Mesopotamien vor. Etwa in Babylonien war der Staatsgott Marduk die oberste Instanz. Begleitet von seiner Gemahlin Sarpanitum thronte er im Himmel und regierte die ganze Welt.

Und damit sind wir beim heutigen Predigttext. Denn auch das biblische Buch Hiob kennt diese Vorstellung: Gott bzw. Jahwe (was in den meisten Bibelübersetzungen mit der HERR wiedergegeben wird) sitzt im Himmel auf seinem Thron, umgeben von vielen geheimnisvollen Wesen, die ihm dienen. Wir finden dieselbe – natürlich gleichnishafte – Vorstellung auch an vielen anderen Stellen in der Bibel.

Bereits in der Schöpfungsgeschichte in erster Mose 1 sagt Gott zu seinem Hofstaat:

> «Lasst uns Menschen machen als unser Bild, uns ähnlich.» (Gen 1,26)

In Psalm 89 steht:

> «[…] wer unter den Gottessöhnen gleicht dem HERRN?
> Ein Gott, gefürchtet im Kreis der Heiligen,
> gross und furchterregend über allen rings um ihn her.» (Ps 89,7f.)

Im Buch Jesaja findet man die Stelle:

> «[Ich] sah […] den Herrn auf einem Thron sitzen, hoch und erhaben, und der Saum seines Gewandes füllte den Tempel. Über ihm standen Serafim; sechs Flügel hatte ein jeder, mit zweien hielt ein jeder sein Angesicht bedeckt, mit zweien hielt ein jeder seine Füsse bedeckt, und mit zweien hielt ein jeder sich in der Luft. Und unablässig rief der eine dem anderen zu und sprach:
> Heilig, heilig, heilig ist der HERR der Heerscharen!
> Die Fülle der ganzen Erde ist seine Herrlichkeit.» (Jes 6,1–3)

Berühmt sind auch die Darstellungen der göttlichen Himmelswelt im letzten Buch des Neuen Testaments, in der Johannesoffenbarung:

> «[…] und siehe, ein Thron stand im Himmel, und auf dem Thron sass einer, und der da sass, hatte ein Gesicht, das war wie Jaspis und Karneol, und den Thron umgab ein Regenbogen, der sah aus wie ein Smaragd. Und rings um den Thron sah ich vierundzwanzig andere Throne, und auf den Thronen sassen vierundzwanzig Älteste, in weisse Gewänder gehüllt und mit goldenen Kronen auf dem Haupt.» (Offb 4,2–4)

Wir müssen uns natürlich klar machen, dass es sich um eine symbolische Bildersprache handelt und nicht um eine realistische Beschreibung im Massstab eins zu eins. Vom Ausdruck «der Kaiser des Himmels» in China bis in die jüdische und christliche Bibel geht es aber immer um das Gleiche: Man will zum Ausdruck bringen: Der Gott, an den wir glauben und zu dem wir beten, ist gross, und er ist streng genommen nicht darauf angewiesen, dass es uns kleine Menschen gibt. Dass er uns überhaupt geschaffen hat und sich für uns interessiert, beruht nicht auf einer Notwendigkeit für ihn, sondern es ist ein Akt der Liebe.

Im biblischen Buch Hiob finden wir nun aber noch einen zusätzlichen Akzent, und zwar einmalig in der Bibel, wie überhaupt alle von mir zitierten Bibelstellen je eine eigene Färbung haben. Zum himmlischen Hofstaat gehört im Buch Hiob auch der Satan! Auch er ist ein «Gottessohn», steht zu Gott in einer engen persönlichen Beziehung. Es ist dies ein überaus kühner dichterischer Zug. Das Wort «Satan» bedeutet auf Deutsch «Widersacher» oder «Feind». Satan ist derjenige, der dagegen ist. Manche Kommentare deuten diese Stelle im Buch Hiob so: Gott ist der Richter über die ganze Welt. Damit eine Gerichtsverhandlung stattfinden kann, braucht es einen Staatsanwalt, eine Person, die die Anklage vorträgt. Und diese Rolle hat der Satan. Es gibt auch Kommentare, die Satan als einen Aspekt Gottes selbst verstehen. Gott hätte gemäss dieser Interpretation nicht nur eine Licht-, sondern auch eine Schattenseite. Vor allem tiefenpsychologisch Orientierte argumentieren so. Sie warnen vor einem zu einseitigen Gottesbild. Der Gott des biblischen Glaubens sei eben nicht undifferenziert einfach ein «lieber» Gott. Er sei geheimnisvoller und grösser.

Man kann dazu einen Vers aus dem Buch Jesaja zitieren:

> «Der das Licht bildet
> und die Finsternis schafft,
> der Heil vollbringt
> und Unheil schafft,
> ich, der HERR, bin es, der all dies vollbringt.» (Jes 45,7)

Gott ist nicht einfach harmlos.

Ich möchte diese Fragestellung aber nicht weiterverfolgen. Wichtiger ist, dass Gott und der Satan in den beiden Himmelsszenen im Buch Hiob je ein verschiedenes Menschenbild vertreten. Gott hat Freude an Hiob, diesem Menschen, der so untadelig ist:

> «Hast du auf meinen Diener Hiob geachtet? Auf Erden ist keiner wie er: Er ist schuldlos und aufrecht, er fürchtet Gott und meidet das Böse.» (Hiob 1,8)

Und in der zweiten Szene:

> «Hast du auf meinen Diener Hiob geachtet? Auf Erden ist keiner wie er: Er ist schuldlos und aufrecht, er fürchtet Gott und meidet das Böse. Und noch immer hält er sich schuldlos, du aber hast mich gegen ihn aufgereizt, ihn ohne Grund zu verderben.» (Hiob 2,3)

Der Satan sieht es jedoch anders:

> «Ist Hiob ohne Grund gottesfürchtig? Hast du nicht ihn und sein Haus und alles, was er hat, ringsum beschützt? Das Werk seiner Hände hast du gesegnet, und seine Herden haben sich im Lande ausgebreitet. Doch strecke deine Hand aus und taste seine ganze Habe an – wenn er dich dann nicht ins Angesicht lästert!» (Hiob 1,9–11)

Und in der zweiten Szene:

> «Haut für Haut! Alles, was der Mensch hat, gibt er hin für sein Leben. Doch strecke deine Hand aus und taste sein Gebein an und sein Fleisch – wenn er dich dann nicht ins Angesicht lästert!» (Hiob 2,4f.)

Diese beiden einander gegenüberstehenden Menschenbilder sind in meiner heutigen Predigt das eigentliche Thema.

Menschlich gesprochen ist Gott in dieser Geschichte ein unverwüstlicher Optimist. Er glaubt und vertritt dies gegenüber dem Satan, dass es völlig uneigennützige Menschen gibt, Menschen, die nicht aus Berechnung – um so einen Vorteil zu erlangen – gut sind. Es gibt selbstlose Menschen, und Hiob wäre ein Beispiel dafür.

Der Satan vertritt dagegen ein Menschenbild, wonach jeder Mensch – auch der alleredelste und beste Mensch – bestechlich und käuflich ist. «Haut für Haut!» – ein zynisches Sprichwort!

Jedem und jeder geht es zutiefst und zuletzt um das, was für ihn oder sie nützlich ist. Alles hat seinen Preis. Überall gilt das Gesetz von Angebot und Nachfrage. Bei jedem Menschen muss man nur seinen schwachen Punkt herausfinden, und dann kriegt man ihn. Manche heutige Wissenschaftler sagen es so: Das Verhalten von Menschen kann über Anreize gelenkt werden; man muss nur die «richtigen» Anreize setzen.

Es kommt mir hier ein seinerzeit prominenter Marketingspezialist in den Sinn, der gesagt haben soll: Man müsse ihm nur genügend Kapital zur Verfügung stellen, und dann gewinne er jede Volksabstimmung in der Schweiz. Das Schweizervolk sei wie jedes andere Volk käuflich. Gilt das von uns wirklich? Es ist dies die Position Satans in der Hiobdichtung.

Dieses gewissermassen «satanische» Menschenbild wird im Buch Hiob zur Diskussion gestellt. Es fordert uns heraus. Es ist dies der Grund für das grausame Experiment – eine Art Vivisektion –, von dem unser Predigttext erzählt. Die Frage ist, wie Hiob sich verhalten wird, wenn ihm bis auf das nackte Leben alles weggenommen wird: sein materieller Besitz, seine zehn Kinder und dann auch noch seine Gesundheit, sodass er zuletzt als eine Elendsfigur auf einem Kehrichthaufen sitzt. Und seine Frau ruft ihm zu: «Lästere Gott und stirb!» (Hiob 2,9)

Gemäss der Hiobdichtung hat Hiob den Test bestanden:

> «Er aber sprach zu [seiner Frau]: Wie eine Törin redet, so redest du. Das Gute nehmen wir an von Gott, und das Böse sollten wir nicht annehmen? Bei alldem sündigte Hiob nicht mit seinen Lippen.» (Hiob 2,10)

Es gibt kritische Bibelleserinnen und Bibelleser, denen Gott, wie er in der Hioberzählung dargestellt wird, zu grausam erscheint. Etwa der grosse Psychologe Carl Gustav Jung hat seinerzeit ein ganzes Buch – «Antwort auf Hiob» – gegen diesen Gott geschrieben. Er warf ihm vor, gewalttätig und prahlerisch zu sein und an einem Minderwertigkeitskomplex zu leiden.[1]

Ich denke: Carl Gustav Jung beachtete nicht, dass es sich hier ja nicht um eine reale Geschichte, sondern um ein Gedankenexperiment handelt – erdacht von einem Dichter. Damit bewiesen werden kann, dass Hiob wirklich von innen heraus und nicht aus rein äusserlich opportunistischen Gründen gerecht ist, muss ihm alles, was er hat, genommen werden. Entscheidend ist aber das positive Menschenbild, das in Abrede stellt, dass alle bestechlich und eigennützig sind. Das Buch Hiob ruft uns dazu auf, nicht kaltherzig und zynisch über die Menschen und uns selbst zu denken.

Hoffentlich ist es nicht wahr, dass man das Schweizervolk und andere Völker «kaufen» kann, wenn man nur genügend Kapital einsetzt! Hoffentlich ist es nicht wahr, dass alle bestechlich sind! Der böse Satz «Die Menschen sind schlecht, sie denken an sich, nur ich denk an mich!» darf nicht wahr sein. Sonst wird es kalt in unserer Welt.

Ich schliesse mit einem Zitat aus dem Tagebuch der Anne Frank, das uns allen Mut machen kann, dem Satan in der Hiobdichtung nicht Recht zu geben. Nicht: «Haut um Haut!», sondern – so schrieb das jüdische Mädchen am 15. Juli 1944 in sein Tagebuch:

> «Es ist ein Wunder, dass ich […] all meine Hoffnungen noch nicht aufgegeben habe, denn sie erscheinen absurd und unerfüllbar. Doch ich halte daran fest, trotz allem, weil ich noch stets an das Gute im Menschen glaube.»[2]

Ist das nicht schön? Ich wünsche allen einen guten Sonntag. Amen.

Februar 2020

---

1 Carl Gustav Jung: Antwort auf Hiob, Zürich 1952.

2 Die Tagebücher der Anne Frank. Aus dem Niederländischen von Mirjam Pressler, Frankfurt a. M. 1988, S. 786.

Hiobs Klage

Texte: Hiob 3 und 16,9–17 sowie 19,23–27

Lassen Sie mich auch heute zuerst einen Umweg einschlagen. Ich spreche nicht über das Buch Hiob, sondern ich erzähle aus der buddhistischen Welt. Wenn man in den heiligen Schriften des Buddhismus liest, begegnet man Erzählungen über den Tod Buddhas: Als der Achtzigjährige sein Ende kommen fühlt, legt er sich hin, «wie ein Löwe sich hinlegt, auf die rechte Seite, einen Fuss mit dem anderen überdeckend», «und lag da ernstbesonnen und klarbewusst».[1] Zu seinem Lieblingsjünger, Ānanda, sagt er:

> «Lass doch, Ānanda! Traure nicht und jammere nicht! Habe ich dir denn, Ānanda, nicht schon längst gesagt, dass wir uns von allem, was uns lieb und angenehm ist, scheiden, trennen müssen […]? Wie könnte es in diesem [d.h. in meinem] Falle anders sein, Ānanda?»[2]

Nachdem Buddha gestorben ist, steht in derselben heiligen Schrift:

> «[Diejenigen seiner Jünger, die] noch nicht frei von Leidenschaften waren, [rangen] die Hände […] und jammerten, (andere) fielen jählings zur Erde und wälzten sich hin und her, (indem sie klagten): ‹Allzu bald ist der Herr völlig zur Ruhe gegangen, allzu bald ist der Selige völlig zur Ruhe gegangen, allzu bald ist das Auge (d. h. das Licht) in der

1 Moritz Winternitz (Hg.): Der ältere Buddhismus nach Texten des Tipitaka. Tübingen 1929, S. 23.

2 A. a. O., S. 24.

> Welt verschwunden.› Diejenigen von den Mönchen aber, die frei von Leidenschaften waren, ertrugen es ernstbesonnen und klarbewusst, (indem sie dachten): ‹Vergänglich sind die Daseinserscheinungen, wie wäre es möglich, (dass es) in diesem Fall (anders sei)?›»[3]

Der ideale Mensch trauert gemäss dieser Anschauung also nicht! Er lässt sich nichts zu nahekommen. Er ist in jeder Lage völlig gefasst. Es ist dies der Lebensentwurf nicht nur des Buddhismus in allen seinen Variationen, sondern auch der meisten anderen Religionen und Philosophien Asiens, auch des Hinduismus und des Jainismus, bei uns im Westen aber auch unter anderem der Stoiker, einer antiken Philosophenschule. Ataraxie, d. h. Unerschütterlichkeit, ist hier das Schlüsselwort. Und auf diesem Hintergrund ist es nun wirklich bemerkenswert: Die jüdische und die christliche Bibel sieht es anders. «Mein Gott, mein Gott, warum hast du mich verlassen!»[4] So steht es in Psalm 22, und mit diesem Satz stirbt Jesus im Markus- und im Matthäusevangelium am Kreuz. Und wie Hiob klagt, haben wir gehört. Ich will jetzt nicht noch einmal über die literarische Qualität der gelesenen Verse sprechen, die zu den bedeutendsten Werken der Weltliteratur gehören, auf dem gleichen Niveau wie die griechischen Tragödien, Dante oder Shakespeare. Heute geht es um den Inhalt.

Zuerst zum ersten der drei Texte: Er besteht aus drei Teilen.

Im ersten verflucht Hiob den Tag seiner Geburt und die Nacht, in der er gezeugt worden ist. Das heisst, er möchte überhaupt nicht existieren. Er denkt sich selbst aus dem Weltgeschehen gewissermassen weg. Er möchte gar nicht sein. «O gäbe es mich nicht!» Seine von schwerem Leid getroffene Existenz ist in seinen Augen sinnlos.

Im zweiten Teil seiner Klage malt er sich aus, wie es wäre, wenn er gestorben wäre. Er stellt sich die Totenwelt vor. Hier sind alle gleich, Könige und Untertanen, Mächtige und Arme.

---

3 A. a. O., S. 27.

4 Ps 22,2 und Mk 15,34 = Mt 27,46.

Und besonders die Elenden dieser Welt haben es endlich gut. Sie dürfen sich ausruhen. Die Zwangsarbeiter im Steinbruch müssen sich nicht mehr vor der Peitsche der Aufseher fürchten.

Und dann der dritte Teil: Hiob fragt nach dem Sinn seines Leidens.

> «Warum gibt [Gott] den Leidenden Licht
> und Leben denen, die verbittert sind –,
> die sich sehnen nach dem Tod, doch er kommt nicht […]?»
> (Hiob 3,20f.)

Ein solcher Text steht also in der Bibel! Ganz wichtig ist: Für Hiob ist es eindeutig nicht irgendein namenloses und blindes Schicksal, das ihn getroffen hat, sondern es ist der Gott des jüdischen (und christlichen) Glaubens selbst. Dieser Gott steht nach seiner Überzeugung hinter seinem Leid und hat es so verfügt. In der ganzen Bibel gibt es keine vergleichbare, gleich heftige Anklage gegenüber Gott. In Kapitel 16 stehen die drastisch-bildhaften Verse:

> «[Gott] fletscht die Zähne gegen mich […].
> Seine Geschosse umschwirren mich,
> erbarmungslos durchbohrt er meine Nieren,
> lässt meine Galle auf die Erde fliessen.
> Bresche um Bresche schlägt er in mich,
> wie ein Krieger stürmt er gegen mich an.» (Hiob 16,9–14)

Das Besondere daran ist: Hiob kann keinen Grund dafür erkennen, dass Gott sich so verhält. Wenn jemand sagt, er sei an seinem Leiden selbst schuld, weist er diesen Vorwurf von sich:

> «Doch an meinen Händen klebt kein Unrecht […].» (Hiob 16,17)

Hiob widerspricht der Theorie, dass das Ergehen eines Menschen von seinem Wohlverhalten oder von seinen Missetaten abhängt. – Das Besondere und Einmalige besteht darin, dass

Hiob trotz allem, was ihm widerfahren ist, an seinem Gottesglauben festhält.

In der Weltliteratur gibt es Beispiele, die sich davon unterscheiden:[5] Iwan Karamasow in Dostojewskijs Roman «Die Brüder Karamasow» sagt dem Gottesglauben ab – er wird Atheist – angesichts des vielen unschuldigen Leidens in der Welt. Und ähnlich im Roman «Die Pest» von Albert Camus: Der Todeskampf eines Kindes wird hier dargestellt, und die Hauptfigur des Romans, der behandelnde Arzt Bernard Rieux, sagt empört:

> «[...] ich werde mich bis in den Tod hinein weigern, die Schöpfung zu lieben, in der Kinder gemartert werden.»[6]

Das heisst: Bis in den Tod hinein werde ich mich weigern, an Gott – und zwar an einen gütigen Gott – zu glauben. Wie Iwan Karamasow bekennt auch Dr. Rieux sich zum Atheismus.

Der biblische Hiob, mit dessen Klagen wir uns heute befassen, ist im Gegensatz zu diesen Romanfiguren – vielleicht überraschenderweise – nicht ein Atheist! Im Gegenteil: Trotz allem, was er erlebt hat, betet er immer noch zu Gott!

> «[...] mein Gebet ist rein.» (Hiob 16,17)

> «Warum verbirgst du dein Angesicht und behandelst mich wie deinen Feind?» (Hiob 13,24)

> «Sei du selbst mein Bürge bei dir!» (Hiob 17,3)

Immer neu spricht er Gott mit du an.

So heftig und gelegentlich geradezu unerträglich Hiobs Klagen sind: Er hält trotzdem an Gott fest.

---

5 Vgl. zum Folgenden: Frank Jehle: Von Johannes auf Patmos bis zu Karl Barth. Zürich 2015, S. 212f.

6 Albert Camus: Die Pest. Übersetzt von Guido G. Meister. Taschenbuchausgabe. Hamburg 1950, S. 126.

Die folgenden Verse sind einer der Höhepunkte oder sogar der Höhepunkt der ganzen Hiobdichtung:

«Ich aber weiss: Mein Anwalt lebt,
und zuletzt wird er sich über dem Staub erheben.
Und nachdem meine Haut so zerschunden wurde,
werde ich Gott schauen ohne mein Fleisch
[das heisst: wenn ich nur noch Haut und Knochen bin].
Ich werde ihn schauen,
und meine Augen werden ihn sehen [...].» (Hiob 19,25–27)

In alten Bibelübersetzungen heisst es: «Ich weiss, dass mein Erlöser lebt.» Sie kennen wohl die Arie «I know that my redeemer liveth» aus dem Oratorium «Der Messias» von Georg Friedrich Händel. «Ich weiss, dass mein Erlöser lebt.» Die alten Theologen sahen in dieser Stelle im Alten Testament einen Hinweis auf Jesus Christus im Neuen Testament. Jüdische Bibelleserinnen und Bibelleser werden hier nicht einverstanden sein. Aber etwas ist eindeutig: Das Besondere an Hiobs Klagen besteht darin, dass er einerseits sein Leid zwar unzensuriert aus sich herausschreit, dass er anderseits aber trotzdem an seinem Gottesglauben festhält, zu Gott betet und ihn als Entlastungszeugen oder als Fürsprecher beziehungsweise Anwalt anruft.

Wenn ich einen Gottesdienst vorbereite, frage ich mich: Was möchtest du der Gemeinde in diesem Gottesdienst mit nach Hause geben? Nun, heute vielleicht das Folgende: Da gibt es also viel Leid in der Welt – sowohl im globalen als auch im persönlichen Bereich. Wollen wir es so machen wie Iwan Karamasow oder wie Dr. Rieux im Roman «Die Pest»? Wollen wir angesichts des Unglücks Atheisten werden? Ich hätte einiges Verständnis dafür. Es gibt wirklich unsägliches Leid in der Welt und im persönlichen Leben vieler Menschen. Aber können wir uns vielleicht nicht trotzdem wie Hiob in der Bibel verhalten? Auch wenn wir Gott nicht verstehen, können wir trotzdem zu ihm beten. Auch wenn es dunkel ist – nicht nur um uns herum, sondern auch in uns selbst –, können wir trotzdem wenigstens den Versuch machen, uns an den verborgenen Gott zu klammern. Das Buch Hiob sagt uns, dass wir auch unsere finsteren Gedanken nicht unterdrücken und verdrängen müssen. Sprechen wir sie aus! Aber, sagt uns das Buch Hiob, schreien wir sie nicht ins Leere hinaus, sondern breiten wir sie, auch wenn wir Gott manchmal nicht verstehen, trotzdem vertrauensvoll exakt vor ihm aus!

Wiederholen wir Kernverse aus dem Buch Hiob:

> «Warum verbirgst du dein Angesicht
> und behandelst mich wie deinen Feind?»

> «Sei du selbst mein Bürge bei dir!»

> «Ich aber weiss: Mein Anwalt lebt, [...]
> Und nachdem meine Haut so zerschunden wurde,
> werde ich Gott schauen ohne mein Fleisch.
> Ich werde ihn schauen,
> und meine Augen werden ihn sehen [...].»

Martin Luther sagte in seiner Römerbrievorlesung von 1515/16, das Gebet sei «gleichsam ein Schiff, das gegen reissende Strömung flussaufwärts fährt».[7]

Gerne zitiere ich aus dem Büchlein «Ermutigung zum Gebet» des römisch-katholischen Theologen Johann Baptist Metz:

> «Die Sprache des Gebets bändigt nicht und zähmt nicht die Sprache der Leiden, sie weitet sie aus ins Unermessene und Unbesprochene.»[8] – «Sie ist selbst Sprache dieses Leidens, Leidenssprache und Krisensprache, Sprache der Klage und der Anklage, Sprache des Aufschreis und des ‹Murrens der Kinder Israels›.»[9] – «Man kann Gott

7 Nach: Friedrich Horst: Hiob. Neukirchen 1968, S. 162. «Sicut Nauis contra vim torrentis acta sursum.» WA 6, S. 468, Z. 7f.

8 Johann Baptist Metz (und Karl Rahner): Ermutigung zum Gebet. Freiburg/Basel/Wien 1977, S. 21.

9 A. a. O., S. 18f.

> alles sagen, buchstäblich alles, alles Leid, alle Zweifel und auch alle Verzweiflung, selbst, dass man nicht an ihn glauben kann [...], wenn man nur versucht, es ihm zu sagen.»[10]

Gemäss Johann Baptist Metz wäre es also «unchristlich» und keineswegs das Zeichen einer besonderen Frömmigkeit, wenn man von Menschen, denen schweres Leid wie Hiob widerfahren ist, verlangen würde, dass sie ihre Wut und ihren Zorn im Angesicht Gottes nicht in Worte fassen dürften.[11] Ich denke, es ist dies ein wichtiger Aspekt der Bibel – sowohl des Alten als auch des Neuen Testaments: Anders als unter anderem im Buddhismus, von dem ich am Anfang der heutigen Predigt erzählte, ist klagen erlaubt. Das Leid und den Tod muss man nicht ertragen, ohne mit einer Wimper zu zucken. Unser Gebet darf ehrlich und ungeschminkt sein. Wir müssen uns nicht gefasster geben, als wir wirklich sind.

Noch einmal: Klagen – und zwar vor Gott klagen und natürlich auch jubeln – ist erlaubt! Wir dürfen Menschen sein. Ich denke, dass wir das aus dem heutigen Gottesdienst mit nach Hause nehmen dürfen. Amen.

Juni 2020

10 A. a. O., S. 20.

11 Vgl. Frank Jehle: Von Johannes auf Patmos bis zu Karl Barth. Zürich 2015, S. 42.

Die Freunde Hiobs

Text: Hiob 4

In meiner vierten Hiobpredigt geht es um den Besuch der drei Freunde bei Hiob. Eigentlich müsste ich diese Predigt in erster Linie an einer Pfarrerinnen- und Pfarrerkonferenz und auch mir selber halten. Gehört es doch zu unserem Beruf, unter anderem trösten zu müssen – an Trauerfeiern, am Krankenbett und in Seelsorgegesprächen. Streng genommen geht das Thema aber alle Gemeindeglieder an. Alle kommen gelegentlich in die Lage, Menschen zu begegnen, denen es in irgendeiner Weise schlecht geht. Sie sind krank oder traurig. Sie haben Probleme in der Familie oder im Beruf. Was soll man einem solchen Menschen sagen? Oft ist es so, dass wir nach Worten ringen oder dass uns diese in der Kehle stecken bleiben.

Das biblische Buch Hiob erzählt von den drei Freunden Elifas von Teman, Bildad von Schuach und Zofar von Naama, die zu Hiob kommen, und weiter hinten im Buch kommt dann noch ein anderer Freund, Elihu. (Hiob 32–37) Alle folgen einem zutiefst menschlichen Instinkt. Sie haben davon gehört, was Hiob widerfahren ist. Sie besuchen ihn, um ihm ihre Solidarität zu zeigen.

Diejenigen von Ihnen, die das Buch Hiob kennen, wissen es schon: Es kommt nicht gut heraus. Die Freunde scheitern mit ihrer sicher gut gemeinten Mission. Am Ende der Geschichte, in Kapitel 42, heisst es:

> «[Da] sprach der HERR zu Elifas von Teman: Mein Zorn ist gegen dich und deine beiden Freunde entbrannt, denn ihr habt nicht die Wahrheit über mich gesprochen wie mein Diener Hiob.» (Hiob 42,7)

Ich denke, für uns alle ist dies eine wichtige Information. Es kann also schief herauskommen, wenn man jemanden zu trösten versucht. Noch so gut gemeinte Beileidskundgebungen können völlig danebengehen. Das Nachdenken über das Buch Hiob kann uns eine Hilfe sein, dass wir es angesichts fremden Leids besser als die Freunde Hiobs machen.

Dabei hatte alles so vielversprechend angefangen! In Kapitel 4 steht die erste Trostrede des Freundes Elifas von Teman. Sie ist heute der Predigttext. Lasst uns vorher aber hören, wie die Geschichte des Besuchs der Freunde anfängt:

> «Die drei Freunde Hiobs aber hörten von all dem Unglück, das ihm widerfahren war, und sie kamen, jeder von seinem Ort, Elifas von Teman, Bildad von Schuach und Zofar von Naama. Und sie trafen sich, um zu ihm zu gehen, mit ihm zu klagen und ihn zu trösten. Und als sie ihn aus der Ferne erblickten, erkannten sie ihn nicht. Da fingen sie an, laut zu weinen, und jeder zerriss sein Gewand, und sie warfen Staub gegen den Himmel und auf ihre Häupter. Und sie setzten sich zu ihm auf die Erde, sieben Tage und sieben Nächte, und keiner sagte ein Wort zu ihm, denn sie sahen, dass der Schmerz sehr gross war.» (Hiob 2,11–13)

Vielleicht erinnern sich einige von Ihnen daran: Bei einem Schlauchbootunfall der Armee auf der Kander im Berner Oberland wurden im Sommer 2008 fünf Armeeangehörige getötet. Die Bestürzung in der ganzen Schweiz war gross. In Thun fand ein Gedenkgottesdienst statt. Als Vertreter der Landesregierung sprach Bundesrat Samuel Schmid. Ich denke, dass er die richtigen Wort fand. Und zwar zitierte er aus der Bibel ausgerechnet die Stelle vom Besuch der Freunde Hiobs.

Noch einmal:

> «Und sie setzten sich zu ihm auf die Erde, sieben Tage und sieben Nächte, und keiner sagte ein Wort zu ihm, denn sie sahen, dass der Schmerz sehr gross war.»

Samuel Schmid sagte, er verstehe die Ohnmacht und Wut angesichts des unfassbaren Unglücks. «Doch jetzt ist nicht die Stunde der Kritik […]. […] Wir sind nicht die höchsten Richter.» Heute sei die «Stunde der Trauer, der Tränen und der Stille».[1] Weiter sagte Samuel Schmid nichts. Ich denke: Er hat es «richtig» gemacht. Zufällig kenne ich den Pfarrer, der den Bundesrat bei der Abfassung seiner Rede beriet und ihn auf die Hiobstelle hinwies. Dieser Pfarrer hat den Bundesrat gut beraten. Vor grossem Leid ist stille Anteilnahme, stilles Dabeisitzen und vielleicht noch die Hand des oder der Trauernden halten oder den Arm liebevoll auf seine oder ihre Schulter legen die beste Tröstung, oder sogar die einzige.

Ein drittes Mal:

> «Und sie setzten sich zu ihm auf die Erde, sieben Tage und sieben Nächte, und keiner sagte ein Wort zu ihm, denn sie sahen, dass der Schmerz sehr gross war.»

Bis zu diesem Punkt haben die Freunde Hiobs keine Fehler gemacht und können auch für uns als Vorbild dienen. Aber wir alle wissen es: Es gibt einen Punkt, an dem man dann meint, trotzdem etwas sagen zu müssen. Und hier kommt es nun in der Hiobdichtung zur grossen Entgleisung. Was ist da falsch gelaufen?

Ich denke, dass wir nur dann die richtigen Schlussfolgerungen aus unserem Predigttext ziehen, wenn wir nicht Steine auf Hiobs Freunde werfen. Dann haben auch wir selbst keinen Nutzen davon. Wir selbst hätten es vielleicht auch nicht besser gemacht.

---

1 Nach: «Blick» vom 6. September 2008.

Ohne Zweifel meinen alle drei und am Schluss auch noch der vierte es gut. Rein sprachlich betrachtet, tragen sie mindestens teilweise wunderbare Verse vor. Sie gehören offenbar zum Stand der Weisen, damals eine besondere Berufsgattung. Sie sind gebildet, können gut reden und kennen die Tradition.

Ein besonders behaltenswertes Beispiel sind die Verse, in denen Elifas von Teman das Ereignis einer göttlichen Offenbarung beschreibt. In einem Kommentar habe ich gefunden, dass diese religionspsychologisch höchst interessante Stelle einmalig im ganzen Alten Testament sei:

> «Zu mir aber stahl sich ein Wort,
> und mein Ohr nahm ein Flüstern davon auf.
> Beim Grübeln über Nachtgesichte,
> wenn tiefer Schlaf auf die Menschen fällt,
> kam Furcht und Zittern über mich,
> und schreckte meine Glieder auf.
> Und ein Geist geht an mir vorüber,
> die Haare meines Leibes sträuben sich.
> Da steht er, doch ich erkenne seine Gestalt nicht,
> ein Bild ist vor meinen Augen,
> ich höre das Flüstern einer Stimme.» (Hiob 4,12–16)

Vor allem in den Prophetenbüchern ist oft davon die Rede, dass Gott zu einem Menschen spricht. Hier wird es mit besonderer Ausführlichkeit beschrieben. Der Offenbarungsempfänger befindet sich in einer Art Halbschlaf oder in einer Trance. Er weiss gar nicht recht, wie ihm geschieht. Er grübelt und nimmt so etwas wie ein Flüstern wahr. Er erschrickt. Seine Haare sträuben sich. Und plötzlich steht die, wie er es annimmt, Gottesrede vor ihm:

> «Kann ein Mensch im Recht sein vor Gott,
> ein Mann vor seinem Schöpfer rein?» (Hiob 4,17)

Ich denke, es ist dies kein falscher Satz. Es kommt aber auf die Situation an.

«Kann ein Mensch im Recht sein vor Gott,
ein Mann vor seinem Schöpfer rein?»

Es ist dies eine alttestamentliche Parallele zur Aussage des Apostels Paulus im Römerbrief:

«[Wir sind] allzumal [Sünderinnen und] Sünder.» (Röm 3,23, Lutherbibel von 1912)

Es geht um eine Erkenntnis, die uns bescheiden machen will und uns vor Selbstüberschätzung warnt.

So weit, so gut, und so weit, so schön! Aber spricht man so mit einem Menschen, der alles verloren hat – den Besitz, die Kinder und die Gesundheit – und tief gebeugt auf einem Kehrichthaufen sitzt?

Da die Zeit uns davonrennt, kann ich nicht auf weitere Einzelheiten in der Elifasrede eingehen. (Vielleicht lesen Sie sie und auch die anderen Freundesreden in Ihrer Bibel nach.) Immer neu werden Sie die gleiche Beobachtung machen: Elifas sagt viel Bedenkenswertes – und erst noch in erlesener Sprache. Rhetorisch und poetisch kann er aus dem Vollen schöpfen. Aber Hiob erreicht er damit nicht. Er spricht an ihm vorbei.

Die jüdische Autorin Margarete Susman schrieb nach dem Schrecklichen, das ihrem Volk zur Zeit des Zweiten Weltkriegs widerfahren war, die Schrift «Das Buch Hiob und das Schicksal des jüdischen Volkes». Darin bemerkte sie:

«[Das Gespräch zwischen Hiob und seinen Freunden wäre anders verlaufen, wenn auch nur einem von ihnen in den Sinn gekommen wäre, zu fragen:] Warum du? Warum nicht ich?»[2]

2 Margarete Susman: Das Buch Hiob und das Schicksal des jüdischen Volkes, Zürich 1946, S. 44. Hier auch das folgende Zitat.

> «Es hätte alles Tiefsinns ihrer Reden nicht bedurft; sie hätten etwas von seinem eigenen Getroffensein in sich selbst erfahren. So aber reden sie rein von aussen, personlos […].»

Trotz der so eindrücklichen, von Samuel Schmid zitierten, Eingangsszene lassen die Freunde Hiobs sein Los nicht wirklich an sich herankommen. Sie identifizieren sich nicht mit ihm. Es ist eben sein Los und nicht das ihre! Ihnen selbst ist es nicht zugestossen. Aus diesem Grund können sie ihn trotz ihrer guten Vorsätze und ihres anfänglichen Schweigens auch nicht trösten.[3]

Damit will ich meine heutige Predigt abbrechen. Ich hoffe, dass das Nachdenken über die vergeblichen Trostversuche der Freunde Hiobs uns auf eigene, weiterführende Gedanken bringen kann. Wie begegnen wir selbst Menschen, die Schweres mitmachen? Vielleicht können wir angeregt von der Hiobdichtung bessere Seelsorgerinnen und Seelsorger als Hiobs Freunde werden.

Ich wüsche allen einen guten Sonntag. Amen.

September 2020

---

3 Vgl. Frank Jehle: Dem Tod ins Gesicht sehen, Zürich 1993, S. 108f.

Das Gedicht von der Weisheit

Text: Hiob 28

Und das ist jetzt also bereits meine fünfte Hiobpredigt! Blicken wir kurz zurück: In der ersten Predigt lernten wir Hiob kennen, diesen makellosen und frommen Mann, dessen einziger Fehler möglicherweise darin besteht, dass er wohl allzu fromm ist – frömmer als fromm! In der zweiten Predigt standen sich das Menschenbild Gottes – Gott traut dem Menschen Positives zu – und dasjenige des Satans gegenüber. Gemäss dem satanischen Menschenbild ist jeder, auch der beste, Mensch korrumpierbar. Man muss nur seine schwache Stelle finden. Ich erinnerte an einen vor einer Generation bekannten Marketingspezialisten, der sich dessen rühmte, jede Volksabstimmung zu gewinnen, wenn man ihm das nötige Geld zur Verfügung stelle. Auch das Schweizer Volk sei käuflich. Stimmt das wirklich? In der dritten Predigt ging es dann um die Klage Hiobs, und ich versuchte aufzuzeigen: Die jüdische und christliche Bibel verlangt nicht, dass wir alles Leid klaglos in uns hineinfressen. Sondern wir dürfen es im Gebet vor Gott hinlegen, es ihm sogar entgegenschreien. Ich zitierte den katholischen Theologen Johann Baptist Metz:[1]

> «Die Sprache des Gebets bändigt nicht und zähmt nicht die Sprache der Leiden, sie weitet sie aus ins Unermessene und Unbesprochene.» – «Sie ist selbst Sprache dieses Leidens, Leidenssprache und Krisensprache, Sprache der Klage und der Anklage, Sprache des Aufschreis

1 Vgl. oben, S. 174f.

> und des ‹Murrens der Kinder Israels›.» – «Man kann Gott alles sagen, buchstäblich alles, alles Leid, alle Zweifel und auch alle Verzweiflung, selbst, dass man nicht an ihn glauben kann [...], wenn man nur versucht, es ihm zu sagen.»

Das Thema der vierten Predigt waren die Freunde Hiobs, die versuchen, ihn zu trösten, und kläglich dabei scheitern. Auch in dieser Predigt zitierte ich eine für mich höchst eindrückliche Autorität, die jüdische Autorin Margarete Susman.[2] In ihrer Schrift «Das Buch Hiob und das Schicksal des jüdischen Volkes» schrieb sie, dass das Gespräch zwischen Hiob und seinen Freunden anders verlaufen wäre, wenn auch nur einem von ihnen in den Sinn gekommen wäre, zu fragen:

> «Warum du? Warum nicht ich?» – «Es hätte alles Tiefsinns ihrer Reden nicht bedurft; sie hätten etwas von seinem eigenen Getroffensein in sich selbst erfahren. So aber reden sie rein von aussen, personlos [...].»

Behaltenswerte Sätze!

Jetzt aber zu einem neuen Thema! Es geht um Kapitel 28, ein grosses Lehrgedicht, das zu den kostbarsten Perlen der hebräischen Literatur gehört. Abermals zeigt sich hier, wie hoch gebildet und sprachbegabt – und auch wie weltkundig – der oder die Dichter des Hiobbuches war beziehungsweise waren. Es ist Teil der letzten Reden Hiobs und leitet dazu über, dass Gott sich Hiob am Schluss der Dichtung persönlich offenbart. Das muss dann natürlich das Thema einer weiteren Predigt sein. Heute geht es aber kurz zusammengefasst um die Grösse, aber auch um die Begrenztheit von uns Menschen und zuletzt um eine Einladung zum Gottvertrauen.

Zuerst zur Grösse des Menschen: Das Lehrgedicht versucht, zu zeigen, dass der Mensch – anderswo in der Bibel ist er Gottes Ebenbild – allen anderen Geschöpfen überlegen ist, und dies

---

2 Vgl. oben, S. 181f.

turmhoch. Der Löwe als der König der Tiere wird genannt. Und der Habicht wird vorgestellt, der hoch durch die Luft fliegt und mit seinen scharfen Augen tief unten die kleinsten Beutetiere erspäht. Aber der Mensch ist zu viel mehr als der Löwe und der Habicht fähig! Als Beispiel für das menschliche Leistungsvermögen und die menschliche Genialität nennt das Gedicht den Bergbau. Um Silber, Gold, Kupfer und Eisen zu schürfen oder um Edelsteine zu finden, wühlt der Mensch die Erde auf. Er gräbt tiefe Schächte und Stollen und dringt in die Dunkelheit ein, die immer mehr vor ihm zurückweicht. Spezialisten – ob es sich um Sklaven oder um hoch qualifizierte Wanderarbeiter aus dem Ausland handelt, ist nicht ganz klar – hängen an Seilen über dem Abgrund. Mit ihren Lampen dringen sie an Stellen vor, die für den Löwen und auch für den Habicht unerreichbar sind.

> «Der Finsternis hat man ein Ende gesetzt,
> bis in den letzten Winkel erforscht man
> das dunkle und finstere Gestein.» (Hiob 28,3)

Und ein anderes Wunderwerk der Technologie:

> «Die Wasseradern hat man eingedämmt […].» (Hiob 28,11)

Der Vers lässt sich auch so übersetzen, dass ganze Flüsse umgeleitet werden. Ein Fluss wird in einen von Menschen gegrabenen Kanal gelenkt. Sein Bett wird ausgetrocknet, damit man an der freigelegten Stelle nach Goldkörnern suchen kann (wie das heute noch oder wieder Hobbygoldwäscher im Entlebuch machen).

Die menschliche Erfindungskunst ist so grossartig, dass sie an den verborgensten Stellen Kostbarkeiten aufspürt – Karneol und Lapislazuli, Korallen und Kristall, Chrysolith und Perlen. (Mit Chrysolith ist wahrscheinlich Topas gemeint, der golden schimmert.)

In einer überaus prunkvollen Sprache mit vielen seltenen Vokabeln gibt sich der Text alle Mühe, die Fähigkeiten von uns

Menschen überschwänglich zu preisen. Wenn man den Text modernisieren möchte, könnte man hier von der Weltraumfahrt oder von der Informationstechnologie sprechen, die unser Leben in den letzten Jahrzehnten stark verändert haben und noch mehr verändern werden. Das alles kann der Mensch!

So weit über die Grösse des Menschen! Nun aber zu seiner Begrenzung:

> «Die Weisheit aber, wo ist sie zu finden,
> und wo ist der Ort der Erkenntnis?
> Kein Mensch kennt ihren Wert,
> und im Land der Lebenden ist sie nicht zu finden.
> Die Urflut spricht: In mir ist sie nicht,
> und das Meer spricht: Bei mir ist sie nicht.» (Hiob 28,12–14)

Und ein wenig später im gleichen Gedicht:

> «Und die Weisheit, woher kommt sie,
> und wo hat die Erkenntnis ihren Ort?
> Den Augen aller Lebenden ist sie verborgen,
> und vor den Vögeln des Himmels ist sie versteckt.» (Hiob 28,20f.)

Mit dem Wort «Weisheit» ist hier das Weltgeheimnis gemeint, mit Goethes Faust dasjenige, «was die Welt / im Innersten zusammenhält».[3] Für Hiob – und nicht nur für ihn, sondern für uns alle – wäre es wichtig, dies zu wissen, um das Schicksal, das ihn getroffen hat und auch uns treffen kann, einordnen zu können, Sinn darin zu finden. Leider verhält es sich aber nicht so. Nicht einmal der Tod, für den Dichter von Hiob 28 wohl die grösste Macht der Welt, vermag das. Mehr kann auch er nicht sagen als, dass ein Gerücht von einem Weltgeheimnis ihm zu Ohren gekommen sei, aber eben nicht mehr als ein Gerücht! Es muss doch einen verborgenen Sinn des Ganzen geben!

---

3 Johann Wolfgang von Goethe: Faust, Basel 1944, S. 17.

Aber so schliesst das Gedicht:

> «Gott weiss den Weg zu ihr,
> und er kennt ihren Ort.
> Denn er schaut bis zu den Enden der Erde,
> er sieht alles, was unter dem Himmel ist.
> Als er dem Wind sein Gewicht gab
> und das Mass des Wassers bestimmte,
> als er dem Regen eine Grenze schuf
> und Blitz und Donner einen Weg,
> da hat er sie gesehen und ermessen,
> er hat sie gefestigt und ergründet.» (Hiob 28,23–27)

Wir können diese Verse doppelt lesen.

Einerseits klingen sie nach Resignation. Gott allein weiss es! Damit muss man sich offenbar abfinden, auch wenn man ein Mensch mit bewundernswerten Fähigkeiten ist.

Anderseits können wir sie aber auch als Einladung zu einem Grundvertrauen lesen: Da gibt es eine andere Instanz, die es weiss und die es sicher gut meint! Mit dem katholischen Theologen Karl Rahner:

> «[Gott ist jene] unsagbare Finsternis und Helle zugleich», in die man sich «glaubend, hoffend und liebend fallen lassen» darf.[4]

Ich schlage vor, dass wir diese Lesart des uns hier vorliegenden Hiobkapitels mit nach Hause nehmen. Noch einmal: Da gibt es eine andere Instanz, die es weiss und die es sicher gut meint!

Übrigens: Über den abschliessenden Vers habe ich bisher nichts gesagt:

> «Zum Menschen aber sprach er:
> Sieh, die Furcht des Herrn, das ist Weisheit,
> und Böses meiden ist Erkenntnis.» (Hiob 28,28)

---

4 Karl H. Neufeld: Die Brüder Rahner. Eine Biographie, Freiburg im Breisgau 1994, S. 277.

Warum habe ich nichts dazu gesagt? Die Sachverständigen für das Buch Hiob sind fast übereinstimmend der Meinung, dass es sich hier um eine nachträgliche Randglosse handelt. Es ist zwar ein «schöner» Bibelspruch. Gottesfurcht haben und das Böse meiden! Er würde aber wegen seiner Moral doch eher in eine Rede der Freunde Hiobs passen.

Lieber möchte ich meine Predigt deshalb mit der herzlichen Einladung zum Vertrauen in jenes sowohl dunkle als auch helle göttliche Weltgeheimnis schliessen. Noch einmal mit Karl Rahner:

> «[Gott ist jene] unsagbare Finsternis und Helle zugleich», in die man sich «glaubend, hoffend und liebend fallen lassen» darf.

Nehmen wir dies nach Hause! Amen.

Februar 2021

Die Gottesreden

Text: Hiob 38–41

Ich denke, diese meine sechste ist zugleich meine letzte Hiobpredigt. Aber die Gottesreden am Ende des Buchs müssen unbedingt thematisiert werden. Wenn man die weitgespannte Dichtung aufmerksam verfolgt, läuft alles auf die göttliche Antwort zu.

> «Warum verbirgst du dein Angesicht
> und behandelst mich wie deinen Feind?» (Hiob 13,24)

> «Sei du selbst mein Bürge bei dir!» (Hiob 17,3)

> «Ich aber weiss: Mein Anwalt lebt.» (Hiob 19,25)

Ohne das In-Erscheinung-Treten und die Antwort Gottes wäre die Dichtung unvollständig.

Aber hier muss ich nun bekennen, dass ich die beiden Gottesreden in den Kapiteln 38–41 schwierig finde. Über Ausschnitte daraus habe ich zwar schon früher gepredigt, insofern, als es um das Schöpfungsthema ging. Gott als der Schöpfer und damit als das Geheimnis der Welt – Sie erinnern sich: Am Anfang der Bibel steht die Schöpfungsgeschichte, die mit dem Satz beginnt:

> «Im Anfang schuf Gott den Himmel und die Erde.» (Gen 1,1)[1]

---

1 Zürcher Bibel von 1931. Es ist seltsam, dass die Zürcher Bibel von 2007 den bestimmten Artikel fallen gelassen hat.

Besonders im Religionsunterricht, im Gespräch mit Schülerinnen und Schülern, kann man erfahren, wie schwierig diese Geschichte für viele heutige Menschen ist. Kann man sie mit den Erkenntnissen der Naturwissenschaften zusammendenken? Die Welt soll im Zeitraum von nur sechs Tagen geschaffen worden sein! Das bereitet sogar Mühe, wenn man den Psalmvers zitiert:

> «Denn tausend Jahre sind vor dir wie der Tag, der gestern vergangen ist, und wie eine Nachtwache.» (Psalm 90,4, Lutherbibel von 1912)

Denn offensichtlich brauchte es für die Entstehung der heutigen Welt auch mehr als sechstausend Jahre.

In diesem Zusammenhang sind die Gottesreden am Schluss des Buches Hiob vielen eine Hilfe. Von sechs Tagen oder auch von sechstausend Jahren ist hier nicht die Rede. Und offensichtlich ist, dass es sich um eine poetische Sprache beziehungsweise um eine Bildersprache handelt und nicht um diejenige eines Tatsachenberichts. Gott hat dem wild schäumenden Meer Windeln angelegt! Niemand nimmt das wörtlich. Gemäss der Darstellung des Buches Hiob ist Schöpfung ein immerwährender Prozess. Gott hat alles, was ist, ins Dasein gerufen und schafft immer weiter. Besonders die Schilderung des Meerungeheuers mit dem Namen Leviatan macht bewusst, dass es auch bedrohliche, wenn nicht sogar bösartige Elemente in der Schöpfung gibt. Alles ist nicht einfach gut. Aber zutiefst und zuletzt hat Gott dann eben doch auch das Bedrohliche oder sogar Böse in der Hand. Dem Meer – für die antiken Menschen der Inbegriff des Unheimlichen und Gefährlichen – hat er eine Grenze gesetzt.

> «Bis hierher und nicht weiter!» (Hiob 38,11)

Auch wenn die gegenwärtige Welt noch von vielem beeinträchtigt und bedroht ist, wir dürfen trotzdem hoffen! Mit dem letzten Buch unserer Bibel:

> «Und ich sah einen neuen Himmel und eine neue Erde. Denn der erste Himmel und die erste Erde sind vergangen, und das Meer ist nicht mehr. [...] Und abwischen wird er jede Träne von ihren Augen, und der Tod wird nicht mehr sein, und kein Leid, kein Geschrei und keine Mühsal wird mehr sein; denn was zuerst war, ist vergangen.» (Offb 21,1–4)

Die Bibel leugnet nicht, dass der Tod, Leid, Geschrei und Mühsal Realitäten sind, und doch will sie uns Hoffnung machen.

So weit, so gut – oder auch: So weit, so schön! Meine und die Fragen vieler anderer an die Adresse der Gottesreden am Ende des Buches Hiob sind damit lange noch nicht erledigt. In der Mitte des zwanzigsten Jahrhunderts war es unter anderem der grosse Psychiater und Psychologe Carl Gustav Jung, der in seinem Buch «Antwort auf Hiob» diese Fragen ausgesprochen hat.[2] Jung attackierte heftig die «‹göttlichen Finsternisse›, die sich im Hiobbuch enthüllten».[3] Er sprach von «göttlicher Wildheit und Ruchlosigkeit», von Gottes «Masslosigkeit» und «Zorn».

> «Wo warst du, als ich die Erde gegründet habe?
> Rede, wenn du es weisst!» (Hiob 38,4)

In den Augen Carl Gustav Jungs ist das kein Trost für Hiob. Spricht man so mit einem Menschen, dem all das Schreckliche widerfahren ist, das Hiob zustiess? Er hat seinen Besitz verloren. Seine sieben Söhne und seine drei Töchter sind gestorben. Eine widerwärtige Hautkrankheit hat ihn befallen. Und auch seine Frau hat sich von ihm abgewendet. Elend sitzt er auf einem Kehrichthaufen draussen vor dem Dorf.

---

2 Vgl. Carl Gustav Jung: Antwort auf Hiob, Zürich 1952.

3 Nach: Marianne Jehle-Wildberger: C. G. Jung und Adolf Keller. Über Theologie und Psychologie. Briefe und Gespräche, Zürich 2014, S. 118f. Hier auch die folgenden Zitate.

«Wo warst du, als ich die Erde gegründet habe?
Rede, wenn du es weisst!»

Spricht man so mit einem, der elend und verzweifelt ist? Ist das Seelsorge – und sogar göttliche Seelsorge?

Ich habe ziemlich viel Fachliteratur zum Buch Hiob gelesen. Und ich denke: Viele, die über das Buch Hiob schrieben – sogar der grosse Karl Barth –, haben es sich zu leicht gemacht. Etwa Karl Barth meinte: Es komme streng genommen nicht auf den Inhalt der Gottesreden an, sondern einzig und allein darauf, dass Gott überhaupt zu Hiob spreche und sich ihm persönlich zuwende.[4] Offen gesagt: Das genügt mir nicht. Genau in den Tagen, an denen ich diese Predigt schrieb, hatte ich Kontakt mit einer Frau, einer praktizierenden Jüdin, die einen grossen Teil ihrer Verwandten durch den Holocaust verloren hatte. Eine ihrer Töchter starb an einer schweren Krankheit. Und jetzt zuletzt: Ihre zweite Tochter, Mutter von drei Kindern, nahm sich während einer Depression das Leben!

«Wo warst du, als ich die Erde gegründet habe?
Rede, wenn du es weisst!»

Könnte und dürfte ich als Seelsorger dieser Frau diese Verse vorlesen oder zur eigenen Lektüre empfehlen? So literarisch hochstehend die ganze Hiobdichtung ist, so eindrücklich gerade auch die Gottesreden sind, wirklich überzeugend und hilfreich ist das Buch jedenfalls mit den beiden Gottesreden nicht. Fast erhalte ich den Eindruck, dass der oder die Dichter gegen Ende des Buchs die Rolle der Hiobfreunde übernommen haben, die Hiobs Leid wegdiskutieren möchten. Dabei wurde das Versagen der Freunde

---

4 Karl Barth: Kirchliche Dogmatik II/1, Zollikon 1940, S. 127: «[…] das Neue kann schlechterdings nur darin bestehen, dass […] Gott selbst über seine Werke mit ihm redet, Gott selbst, durch dessen Wort diese seine Werke ja *geworden* sind!»

doch drastisch aufgezeigt. Nicht nur in den Freundesreden, sondern auch in den Gottesreden – so prunkvoll ihre Sprache ist – wird Hiobs Leid nicht wirklich ernstgenommen.

Mir persönlich bleibt nichts anderes übrig, als Unzufriedenheit über den Ausgang der Hiobdichtung anzumelden. Wenn ich als Seelsorger persönlich mit einem von grossem Leid getroffenen Menschen reden muss, kann ich mit Hiob 38–41 nichts anfangen. Ich wäre so ein schlechter Tröster.

An diesem Punkt bin ich deshalb dankbar dafür, dass das Buch Hiob nicht das einzige Buch in der Bibel ist. Die Bibel ist vielstimmig, ein unendliches Gespräch, das uns immer neu zu eigenem Nachdenken anregt. Das Buch Hiob ist zwar ein eindrückliches und ernstzunehmendes Dokument. Zum Glück steht aber auch anderes und zum Teil den Gottesreden im Buch Hiob Widersprechendes – oder jedenfalls sie Ergänzendes – in der Bibel, das ebenfalls ernst – oder sogar noch ernster – zu nehmen ist.

Aus Zeitgründen nenne ich nur ein – dafür aber ein umso wichtigeres – Beispiel aus dem Alten Testament, und zwar aus dem Buch Jesaja:

> «Fürchte dich nicht,
> denn ich habe dich erlöst,
> ich habe dich bei deinem Namen gerufen,
> du gehörst zu mir.» (Jes 43,1)

Ich denke: Diese Gottesrede müsste man als Seelsorgerin oder Seelsorger Hiob übermitteln.

Lassen Sie mich zum Schluss über das Alte Testament hinausgreifen in den Brief des Apostels Paulus an die Philipper im Neuen Testament. Dort finden wir den berühmten Christushymnus. Er wurde wohl nicht von Paulus gedichtet, sondern der Apostel setzte ihn bei den Griechisch sprechenden christlichen Gemeinden in der Mitte des ersten Jahrhunderts als bekannt voraus. Deshalb erinnerte er an ihn:

«Dessen Los ein göttliches war,
der aber nichts darauf hielt,
Gott gleich zu sein.

Sondern er gab sich hin,
nahm auf sich das Los eines Knechts,
erschien den Menschen gleich.

Er trat auf als ein Mensch,
erniedrigte sich selbst,
gehorsam bis zum Tod (zum Tod am Kreuz).

Darum hat Gott ihn erhöht
und hat ihm den Namen verliehen,
der über jedem Namen steht,

damit im Namen Jesu
ein jedes Knie sich beuge
im Himmel, auf Erden und in der Hölle

und jeder Mund bekenne:
‹Herr ist Jesus Christus!›
zur Ehre Gottes, des Vaters.» (Phil 2,6–11)[5]

Gemäss dem Verständnis des christlichen Glauben spiegelt sich in der Gestalt Jesu das Wesen Gottes. Und der Gott, von dem hier die Rede ist, verhält sich anders als der Gott der Gottesreden im Buch Hiob. Der Gott des Christushymnus im Philipperbrief wendet sich den Menschen in ihrer Not persönlich zu und teilt das Schicksal mit ihnen. Er steigt herab, nimmt das Los eines Knechts (d. h. eines Sklaven) auf sich und wird «gehorsam bis zum Tod (zum Tod am Kreuz)».

Als Kommentar zu diesem Gottesbild möchte ich zweimal Dietrich Bonhoeffer zitieren.

---

5 Übersetzung von F. J.

Seine Zwillingsschwester Sabine war mit einem Juden verheiratet und hatte in den dreissiger Jahren nach England emigrieren müssen. Ihr schrieb Bonhoeffer im Mai 1942:

> «Für mich ist der Gedanke, dass Gott selbst leidet, immer eine der überzeugendsten Lehren des Christentums gewesen. Ich denke, dass Gott dem Leiden näher ist als dem Glücklichsein, und Gott im Leiden zu finden, gibt Frieden und Ruhe und ein starkes, mutiges Herz.»[6]

Und im Hochsommer 1944 dichtete er im Militärgefängnis Tegel bei Berlin mitten im Bombenhagel der Alliierten, dem die Gefangenen wehrlos ausgesetzt waren, die Verse (die wohl viele von Ihnen kennen):

> «Gott geht zu allen Menschen in ihrer Not,
> sättigt den Leib und die Seele mit Seinem Brot,
> stirbt für Christen und Heiden den Kreuzestod.
> Und vergibt ihnen beiden.»[7]

Leider gelingt es nicht immer, Menschen, die von schwerem Leid getroffen sind, zu trösten. Oft macht Leiden einfach sprachlos. Aber wenn überhaupt, können wir es so versuchen – und nicht wie die Gottesreden im Buch Hiob.

Nicht:

> «Wo warst du, als ich die Erde gegründet habe?
> Rede, wenn du es weisst!»

---

6 Sabine Leibholz-Bonhoeffer: vergangen, erlebt, überwunden. Schicksale der Familie Bonhoeffer, Wuppertal-Barmen 1968, S. 186.

7 Dietrich Bonhoeffer: Widerstand und Ergebung. Briefe und Aufzeichnungen aus der Haft, hg. von Christan Gremmels u. a., Gütersloh 1998, S. 516.

Sondern:

> «Fürchte dich nicht,
> denn ich habe dich erlöst,
> ich habe dich bei deinem Namen gerufen,
> du gehörst zu mir.»

Amen.

Oktober 2020

Dank und Abschluss

Eine Reihe von Menschen haben mich im Zusammenhang mit meinen Predigten im Lauf der Jahre und Monate und besonders während der schwierigen Corona-Zeit unterstützt (in diesen Monaten ist das Buch im Wesentlichen entstanden, anschliessend kam es nur noch zu kleinen Ergänzungen) – in erster Linie durch Gespräche, kritisches Lesen und Korrigieren, aber auch im Alltag. Es war dies eine grosse Hilfe für mich. (Die Nachbarn, die liebenswürdigerweise coronabedingt das Einkaufen für uns besorgten, gehören ebenfalls dazu!) In alphabetischer Reihenfolge: Ursula Affolter, Lisa Briner, Felix Brassel, Christoph Fierz, Tobias Forster, Walter Fritschi, Karl Graf, Beat Grögli, Esther Hasler, Marianne Jehle-Wildberger, Claudia Kind, Moritz Kind, Werner Kramer, Adrian Schenker und Hans Thomann. Ihnen allen danke ich von Herzen. Und ebenso – oder sogar noch mehr – richte ich meinen Dank an die Frauen und Männer, die meine Gottesdienste besuchten, ein wohlwollendes Interesse an meinen Predigten an den Tag legten und mich immer von Neuem motivierten. Ohne eine wache Gemeinde sähe ein Pfarrer oder eine Pfarrerin – in der Sprache der heutigen Jugend – «alt» aus. Predigen kann man nur, wenn eine aktive Gemeinde hinter einem steht.

Erinnert sei an die Sätze meines ehemaligen Tübinger Lehrers Ernst Käsemann, die ich am Schluss meiner Predigt «Ohne Frauen keine Kirche» zitierte:

> «[Man bedenke die Anschauung des Apostels Paulus], nach welcher jeder Christ [und jede Christin] offiziell von seinem Herrn in Pflicht genommen [und] mit einem spezifischen Dienst betraut wurde und

diesen in der Gemeinde wie ihr gegenüber unvertretbar wahrzunehmen hat.»[1]

An den Schuss stelle ich das einleitende Gebet des Gottesdienstes, in dem ich die Picasso-Predigt[2] hielt:

«Grosser und guter Gott, als deine Gemeinde stehen wir vor dir. Wir bringen mit uns, was uns beschäftigt und bewegt, das Erfreuliche, wofür wir dankbar sind, und das, was uns belastet – im Kreis unserer Familie, aber auch draussen in der weiten Welt. Wir haben Schönes erfahren, aber auch anderes in der Nähe und in der Ferne.

Vor dir denken wir auch an die Abwesenden. Ob sie sich dessen bewusst sind oder nicht, auch sie können ohne dich nicht leben. Wir und sie brauchen Mut und Kraft. Wir und sie sind darauf angewiesen, das Wichtige vom weniger Wichtigen unterscheiden zu können. Wir und sie brauchen Zeit zur Besinnung und Energie für das, was das Leben von uns verlangt. Lass uns und sie nicht müde werden, und stärke die, die bereits müde geworden sind.

Gib uns deinen guten Geist und rede du in dieser Stunde selbst zu uns.

In der Stille legen wir vor dich hin, wovon unsere Herzen voll sind, das Positive und das Negative. …

Grosser und guter Gott, wir danken dir dafür, dass du uns hörst und erhörst und dass du für uns und für deine ganze Schöpfung in unverbrüchlicher Liebe da bist. Amen.»

---

1 Vgl. oben, S. 123f.

2 Vgl. oben, S. 79–86.

Bibelstellen

Personen

Bildnachweis

Umschlag: Hans Thomann (*1957): Gleichheit, Freiheit und Brüderlichkeit, nicht mehr wissend, wohin sie nun fliegen sollen, Autobahnbrücke Grauholz bei Bern (1998), Ausschnitt. Foto zur Verfügung gestellt von Hans Thomann, St. Gallen

S. 7: Regula Hermann, Uwe Habenicht und Kathrin Bolt aus der Kirchgemeinde Straubenzell gestalten die Gottesdienste im Mai 2019 einmal anders – ohne Predigt. Foto zur Verfügung gestellt von der Evangelisch-reformierten Kirchgemeinde Straubenzell St. Gallen West

S. 16: Albrecht Dürer (1471–1528): Michael Wolgemut (1516). Museen der Stadt Nürnberg, Wikimedia Commons

S. 17: Michael Wolgemut (1434–1519): Holzschnitt aus der Schedel'schen Chronik (1493). Bayerische Staatsbibliothek, Bayerische Staatsbibliothek, Rar 287, fol. 230v, urn:nbn:de:bvb:12-bsb00034024-1

S. 22: Albrecht Dürer (1471–1528): Ritter, Tod und Teufel (1513). Kupferstich, Kunstsammlungen der Stadt Nürnberg (Inventar-Nr. Gr. A. 12855)

S. 28: Kloster Sucevita, Rumänien: Jakobs Traum in Bet-El (1604). Foto von Thomas Spalinger, Ittigen, Raffael-Verlag GmbH

S. 33 William Blake (1757–1827): Jakobs Traum (1805). Britisches Museum, London, Wikimedia Commons

S. 34: Kirche St. Maria im Kapitol, Köln: Mariä Heimsuchung. Ansichtskarte ars liturgica, Kunstverlag, D-56653 Maria Laach, Nr. 5920

S. 42 Eugène Burnand (1850–1921): Der verlorene Sohn I. Aus: Eugène Burnand: Les Paraboles, Paris 1908, nicht paginiert, Foto Monika Kreutzer, Hausamann Kreutzer GmbH, St. Gallen

S. 43: Eugène Burnand (1850–1921): Der verlorene Sohn II. Aus: Eugène Burnand: Les Paraboles, Paris 1908, nicht paginiert, Foto Monika Kreutzer, Hausamann Kreutzer GmbH, St. Gallen

S. 44: Eugène Burnand (1850–1921): Der verlorene Sohn III. Aus: Eugène Burnand: Les Paraboles, Paris 1908, nicht paginiert, Foto Monika Kreutzer, Hausamann Kreutzer GmbH, St. Gallen

S. 46: Eugène Burnand (1850–1921): Der verlorene Sohn IV. Aus: Eugène Burnand: Les Paraboles, Paris 1908, nicht paginiert, Foto Monika Kreutzer, Hausamann Kreutzer GmbH, St. Gallen

S. 50: Eugène Burnand (1850–1921): Der barmherzige Samaritaner I. Aus: Eugène Burnand: Les Paraboles, Paris 1908, nicht paginiert, Foto Monika Kreutzer, Hausamann Kreutzer GmbH, St. Gallen

S. 51: Eugène Burnand (1850–1921): Der barmherzige Samaritaner II. Aus: Eugène Burnand: Les Paraboles, Paris 1908, nicht paginiert, Foto Monika Kreutzer, Hausamann Kreutzer GmbH, St. Gallen

S. 54: Eugène Burnand (1850–1921): Das Gleichnis vom Jüngsten Gericht I. Aus: Eugène Burnand: Les Paraboles, Paris 1908, nicht paginiert, Foto Monika Kreutzer, Hausamann Kreutzer GmbH, St. Gallen

S. 55: Eugène Burnand (1850–1921): Das Gleichnis vom Jüngsten Gericht II. Aus: Eugène Burnand: Les Paraboles, Paris 1908, nicht paginiert, Foto Monika Kreutzer, Hausamann Kreutzer GmbH, St. Gallen

S. 58: Piero della Francesca (1416–1492): Auferstehung (1463/65). Museo Civico, Sansepolcro © akg-images / Erich Lessing

S. 60: Matthias Grünewald (1470–1528): Isenheimer Altar (1513/15). Musée Unterlinden, Colmar, Wikimedia Commons

S. 61: Otto Dix (1891–1969): Grosse Auferstehung Christi (1949). Aus: Fritz Löffler: Otto Dix – Bilder zu Legenden, zu Vergänglichkeit und Tod, Stuttgart und Zürich 1987, S. 99. © 2020, ProLitteris, Zürich

S. 63: Eugène Burnand (1850–1921): Der Lieblingsjünger und Petrus eilen am Ostermorgen zum Grab (um 1898). Musée d'Orsay, Paris © akg-images / Erich Lessing

S. 66: Eugène Burnand (1850–1921): Das Gleichnis vom Sämann I. Aus: Eugène Burnand: Les Paraboles, Paris 1908, nicht paginiert, Foto Monika Kreutzer, Hausamann Kreutzer GmbH, St. Gallen

S. 67: Eugène Burnand (1850–1921): Das Gleichnis vom Sämann II: Aus: Eugène Burnand: Les Paraboles, Paris 1908, nicht paginiert, Foto Monika Kreutzer, Hausamann Kreutzer GmbH, St. Gallen

S. 74: Georges Einbeck (1871–1951): Der barmherzige Samaritaner (1938). Sammlung M. und F. Jehle, St. Gallen, Foto Hannes Wildberger, Meilen

S. 80: Pablo Picasso (1881–1973): Ich, Picasso (1901). Aus: Raphaël Bouvier (Hg.): Der junge Picasso – Blaue und rosa Periode, Basel 2019, S. 14, © Succession Picasso / 2020, ProLitteris, Zürich

S. 81: Pablo Picasso (1881–1973): Selbstbildnis (1901). Aus: Raphaël Bouvier (Hg.): Der junge Picasso – Blaue und rosa Periode, Basel 2019, S. 20, © Succession Picasso / 2020, ProLitteris, Zürich

S. 82: Pablo Picasso (1881–1973): Casagemas im Sarg (1901). Aus: Raphaël Bouvier (Hg.): Der junge Picasso – Blaue und rosa Periode, Basel 2019, S. 19, © Succession Picasso / 2020, ProLitteris, Zürich

S. 83: Pablo Picasso (1881–1973): Das Leben (1903). Aus: Raphaël Bouvier (Hg.): Der junge Picasso – Blaue und rosa Periode, Basel 2019, S. 27, © Succession Picasso / 2020, ProLitteris, Zürich

S. 88: Hans Thomann (*1957): Gleichheit, Freiheit und Brüderlichkeit, nicht mehr wissend, wohin sie nun fliegen sollen, Autobahnbrücke Grauholz bei Bern (1998). Foto zur Verfügung gestellt von Hans Thomann, St. Gallen

S. 90: Hans Thomann (*1957): Gemeinschaftsgrab, Friedhof Feldli, St. Gallen (1997). Foto zur Verfügung gestellt von Hans Thomann, St. Gallen

S. 91: Hans Thomann (*1957): Gemeinschaftsgrab, Friedhof Mörschwil (2014). Foto zur Verfügung gestellt von Hans Thomann, St. Gallen